新たな英語史研究をめざして

詩学と記号論を視点に

新たな英語史研究をめざして

詩学と記号論を視点に

三輪伸春 著

開拓社

はじめに

大学に入学して英語の奥深さを教えられて，英語学という学問を知り，最初に読んだ英語学の本が市河三喜の『英文法研究』であった。その後，ヨーロッパの伝統に基づく英語学研究の魅力にとりつかれて勉強を続けてきた。大塚高信，中島文雄らの諸著作はいずれもイェスペルセンを筆頭にヨーロッパの英語学に基づく研究であった。『英文法論考』，『英語学論考』（大塚），『英語発達史』（中島），そして『英語学研究』（安井稔）。その影響でヨーロッパの歴史言語学に親しんだ。イェスペルセンの影響のみられるフランスのマルティネ（A. Martinet）。アメリカの学者であるが，インド・ヨーロッパ比較言語学で研究の基礎を学んだサピア（E. Sapir）とブルームフィールド（L. Bloomfield）の言語史研究を熟読した。サピアとともにアメリカ構造主義言語学の創始者として知られるブルームフィールドの *Language*（1933）の後半はきわめてすぐれた歴史言語学の概説である。

サピアの *Language*（1921）は，簡にして要をきわめた「はじめに」，「言語の本質」を論じた 1，2 章，「パタン（pattern）」をキーワードに「共時言語学」を論じた 3～6 章，「駆流（drift）」をキーワードにして「共時言語学と通時言語学の統合＝動態的共時態（「あとがき」参照）」を意図した 7，8 章，「言語接触」を論じた 9 章，それに「記号論」，「詩学」を提言した 10 章「言語と人種，文化・歴史」と 11 章「言語と文学」で構成されている。

特に「駆流 (drift)」をキーワードとするその言語史論の奥の深さ，視野の広さに魅了された。サピアの『言語』は学匠詩人の手になったひとつの詩作品，あるいは言語芸術作品というべきであり，まさしく言語研究，および詩学と記号論研究のアルファにしてオメガである。

ヨーロッパの歴史言語学の方法をイギリスにもたらしたワイルド (H. C. Wyld, *A Short History of English*, 1914, 1927[3], *A History of Modern Colloquial English*, 1920, 1936[3], *The Historical Study of the Mother Tongue*, 1906) に基づく安井稔先生の，初期の英語史関係の諸研究は英語史の高度な入門書兼概説書として研究，教育に大変重宝した。現在は，安井稔・久保田正人著『知っておきたい英語の歴史』(2014 年，開拓社) として読むことができる。

安井先生は歴史的研究の後，新しく登場したアメリカの構造主義言語学，続いて変形生成文法を研究され，その紹介と普及に尽力されたが，著者は，生来歴史好きでもあり，歴史的研究だけで精一杯であった。

ギリシア，ローマの古典から英語学，英語史を含めて，人文系の古典，名著といわれるような書物は繰り返し読まれ続け，その時代その時代の状況に応じて，読む人に新たな考え方生き方を教えてくれるようなたぐいの書物のことをいうのであれば，シェイクスピアとサピアはまさに古典，名著に値する。

本書は，もっぱら英語の歴史的研究を続けてきた著者が，長年抱いてきた研究方法とその実践例を述べた英語史に関する論考である。これまでにシェイクスピアを中心に英語史に関する論考を発表してきた。そのたびに文献と史料をできるかぎり参照してそれなりの結論を得てきた。しかし，従来の英語史の方法ではどうしても納得のいく結論を得られないことがしばしばあった。ところが，いわゆる「英語史研究」の範囲を逸脱したところに意外な展望がひらけていた。詩学と記号論である。本書はそのささやかな成果である。

本書の場合，詩学と記号論による視点ということはことさらにむつかしいことではない。伝統を積みかさね精緻をきわめたように思われる辞書，注釈書，研究書も神ならぬヒトの手になる以上，論理矛盾，説明不足は必ず生じる。すぐれた作家，詩人の作品にはなぜかそんなごく微細な点に大きな問題が潜んでいる場合が多い。それこそが詩学と記号論の原点であり，とりわけ本書の第4章から第9章の考察の契機となっている。

末筆ながら，前著にひきつづき終始お世話いただいた川田賢さんはじめ開拓社の方々にこころから感謝申し上げます。

2018年3月7日

三輪 伸春

目　次

第Ⅱ部　英語史の詩学と記号論：入門編
―音韻，文法，意味三位一体の言語学―

序　説

言語学，英語学，英語史

第1章　従来の言語学，英語学，英語史

従来の英語史研究のありかたをごく簡潔に述べると以下のようになるであろう。

英語史には，古期英語（OE＝Old English），中期英語（ME＝Middle English），初期近代英語（E. Mod. E. ＝Early Modern English），後期近代英語（L. Mod. E. ＝Late Modern English），現代英語（PE＝Present-day English）のそれぞれに整然とした音声・音韻，形態，統語法（シンタックス）の体系が存在しているという前提で各時代の音韻の体系，形態の体系，統語法の体系が記述されてきた。しかし，時代ごとの体系と生じた個々の変化の過程は記述されてきたが，体系全体を視野に入れた考察や変化がなぜ生じたかについてはあまり関心をもたれなかった。たとえば，中期英語から現代英語にわたるniceの意味変化に関するウルマン（S. Ullman）の記述は，単に意味変化の過程を述べただけである。niceの意味変化に関するウルマンの説明を要約

する。

(1)　意味が積極的に向上する場合 (positive improvement) もいろいろある。意味の向上は意味の単純な連想によって起こることがある。形容詞 nice (いい) はラテン語の nescius (無知な) から古代フランス語を経てきた語である。シェイクスピアの時代には「みだらな，つまらない」などいくつかの好ましくない意味を持っていた。「気むずかしい」，「よく気のつく」など意味を経て次第にいい意味の方向へ発達していった。18 世紀の後半以降この語は「よい，快い」という意味を，19 世紀初頭以降は「親切な，思いやりのある」という意味を獲得した。

(ウルマン『言語と意味』，pp. 267-68，三輪要約)

しかし，nice の「悪い意味」から「いい意味」へとまったく反対の意味への変化を，単純に変化の経過を記述しただけでは意味変化の研究とはいえない。単語の意味変化とは，単語の意味が時代を経るに従い徐々に変化することである，というだけであれば研究とはいえない。[1]

また，シェイクスピアの英語の場合，意味，語彙については明確な解釈のないままに，先行する内外の学者，注釈書，辞書類の記述を借用すること場合が多いようである。[2]

[1] nice の意味変化研究の一例は「nice の意味変化」三輪『英語の語彙史』第 8 章。

[2] シェイクスピアの green-eyed に関する国内外の注釈はその典型的な例。本書第 9 章「green-eyed はなぜ「嫉妬」するのか」を参照。

本書は，英語史を既成の文法規則からみるのではなく，話者が表現しようとする立場から考察する。英語史における発音の変化，文法（形態と統語法）の変化，意味・語彙の変化それぞれを個々別々にではなく，三位一体として考察し，創造的な，生産的な視点から考える。

伝統的な英語学，文法はおおむね以下のように分類されていた。

(2) 伝統的な英語学，文法の分類

	分類	役割	位置づけ
	音声学	発音の仕方	普通，「文法」の枠外
文法	形態論	単語の形態変化の分類	いわゆる「文法」の前段
	統語法	語と語との連結法	いわゆる「文法」の後段
	意味論	語と，語が指示する内容との関係	普通，「文法」の枠外

いわゆる伝統文法では形態論と統語法を 2 大部門とし，広義には音声論と意味論を含めた。[3]

言語研究のこのような分類法は，言語を「単なる表現・伝達の手段，つまり，伝えるべき情報を担わせて相手のところにまで運ばせる媒体」という考え方に由来する。言語学者は，収集したデータを「科学的に」，客観的に分布を調べ，分類し，分析したも

[3]「Morphology（形態論）... 語の形態に関する記述をなす部分で，統語論（Syntax）とともに，文法の二大部門 ...」『新英文法辞典』三省堂，1970[2]，p. 639。

のとして考察するのである。音声，形態，統語法に関するデータの分布を別々に調べ，分類し，分析する。「分かる（わかる）」こととは「分ける（わける）」ことと認識されてきた。

英語を研究する「英語学」では，「形態論」と「統語論（統語法）」の２部門が「文法」として主流を占め，「英文法」といえば「形態論」と「統語法」であった。「音声学」と「意味論」は別扱いであった。

現今の言語学では，音声学と意味論の見直しが必要とされている。意味論は記号論や認知言語学として研究が進んでいる。しかし，音声は，言語の中核でありながら，その意義を十分に検討されていない。音声が言語の中核を形成する根拠を具体的に明確にし，その上で，音声学，文法（形態論，統語法），意味論を個々別々に扱うのではなく，常に全体を視野に入れて一体として考察する。

意味論が根本的に見直されているように音声学も根本的に見直しが必要である。また，言語の本質を明らかにするためには，共時的考察と通時的考察を切り離すのではなく，両者を一体として考察することが重要である。また，英語学と言語学とは，同じく言語を扱う学問であるから研究の原理は共通するはずである。したがって，本章で言語学，英語学，英語史という場合，表向きの研究対象は言語一般と英語と異なっていても研究の原理は同じであることを前提としている。

なによりも重要なことは，音声，文法（形態，統語法），意味という３部門が専門化され，個々別々に研究がなされてきたことへの反省である。個々の分野が微視的に専門性を深めることよりも，独自性は尊重しながらも音声，文法（形態，統語法），意味の全体を三位一体として包括的に，巨視的に把握することが求められる。

音声と形態の両方を包括的に，巨視的に把握することが必要であるとしてサピア（E. Sapir）は次のように書いている。

(3) どの言語学者も，音声変化の結果しばしば形態の体系に変化が伴うことを知っているが，形態法の変化は，音の歴史にほとんど，あるいはまったく影響を与えない，と考える傾向がある。【しかし】私は，むしろ，音声学と文法【形態法】を相互に無関係な分野であるとして分離させる現代の傾向は不適切であると考えている。[4] 両者の間には，また，それぞれの歴史の間には，まだわれわれの十分に把握していない根本的な相互関係が存在する可能性は大きいのである。

(E. Sapir, *Language*, 1921, pp.196–97; British ed., 1963, pp. 183–4，三輪訳：サピア『言語』岩波書店，p. 319)

[4] 他の一般言語学書と同様に，サピアは統語論についてはまったく論じていない。上記の注（3）参照。

第2章　言語学，英語学，英語史の再構築

現代における言語への特別な関心は「言語」が伝統的な定義にしばしば含意されているような単なる「表現・伝達の手段」ではなくて，それ以外に機能している重要な要因があることの認識である。人文学，社会学を中心とし現代のさまざまな学問分野，そして，ひいては現代の思想一般を強く特徴づけているのは「言語」というものについての新しい認識である。

言語の考察方法に新しい視点として「詩学」と「文化の記号学」加えた例は次の（1）のようになる。

「情報伝達言語」とは，話し手（以下書き手も含む）が自分の感じたこと，考えている内容（意味）を聞き手（以下読み手も含む）に音声（あるいは文字）で理解されるように伝える言葉。日常会話，文学作品，新聞，テレビなどに普通，ことばとして用いられるいわゆるコミュニケーションの言語である。

(1)　新しい言語学の分野

	対象	分野	意味作用	位置づけ
言語学，英語学，英語史	情報伝達言語	発音，形態論，統語法，意味論	静的，慣習的，実用的，文法的，規則的，既成	言語学の中核
新規分野	詩の言語	詩学	動的，創造的，想像的，美的，開放的	「言語」とその周辺外縁
	文化の記号	文化記号論	動的，開放的，独自性	「言語」と外部世界

「詩学」は，個々の話し手が考えていること，感じていること，伝えたいと思っていること（意味）を表現するためにどのような音形，語形，統語法を創造していくのかが問題となる。そのためには「言語学」の範囲を超えて，特に言語をとりまく周辺部に注目する。言語を既成の規則として客観的に観察する従来の言語学とは逆に，話し手の内部にある想像的，創造的な，意味を表現する側から言語の働きを考察する。既成の文法規則では表現できなかった新規の意味内容がどのようにして新たな方法を発見して表現されているのか。あるいは言語が無限に可能性を広げていく生きた要因，動的な姿を明らかにする。

このような視点は必然的に言語の過去の姿にも注意を払う。過去の言語作品において，どのような実験が既成の文法からの脱却を試みていたのかを発掘し，検証するためである。同時に，言語に内在する未知の可能性も切り開いてゆかねばならない。言語の現在とともに言語の過去と同時に未来をも視野に入れておかなければならない。言語の共時的（synchronic）側面と通時的（diachronic）側面をあわせ持った視点，すなわち「超時言語学（meta-chronic linguistics）」である。[1]

「詩の言語」は，主に「詩」に用いられている表現法であり，特に，詩，俳句，和歌，散文詩などに顕著にみられる言語の想像的，創造的側面である。創造的な意味内容を伝えるために，新しい未知の表現方法を求めて時として一般に認識されている規則（文法）から逸脱する傾向がある。詩の言語は，通常の「情報伝達の言語」にとっては例外的な存在で，通常の文法の規則から逸脱していても，「詩だから正しい文法規則に当てはまらなくても当然」とみなされ，学問としての言語学から等閑視される傾向があった。しかし，現代の詩学では，逆に，通常の文法規則から逸脱したところに言語の創造的な活力が認められる，と認識されるようになった。言語の中核をなす既成の文法規則と，その周辺外縁にあって言語の新しい可能性を備えて言語の中核に参入しようとする新しい表現方法とのせめぎあいが言語変化の動的要因となる。

英語 poet の語源は，中期英語 ME *poet(e)* ＜（古）フランス語 *poète* ＜ラテン語 *po(i)eîn* “to make”＜ギリシャ語 *poiētēs* “maker, poet” である。つまり，「詩人」とは「創作する人」である。現代英語の maker には「詩人」という意味が残されている。ギリシャ語にはもうひとつ「作る」という意味の praktikē（＞ prac-

---

[1]「汎時言語学」ともいう。三輪『ソシュールとサピアの言語思想』pp. 24f., 129, 166。

tice) があるが，この語は「行為をする人が利益を得るという実益的な行為，労働一般」を意味する。これに反して，*poiētēs* は「事物をそれ自体の目的のために，あるいはそれを利用する人の目的のために作り出す，いわば無償の行為」である。[2]

「文化の記号論」は，「詩学」が注目する言語の周辺部のさらにその外辺部にまで視野を広げる。人間だけが持つ精神作用により生み出された宗教，規則，作法，習慣などのいわゆる文化を言語，身振り，信号その他の媒介で表現したものの本質を探究する。新たに加えられた詩学と文化記号論の視点は，既成の規則の周辺を探索し，言語の外部から内部【コード】に進入して既成の体系に修正を加え，言語を活性化しようとする現象に言語の生きた姿を追究し，[3] 言語の新しい可能性を追究する。

従来の言語学が文法（形態論と統語法）を中心に，せいぜい音声と意味を付加しただけの限定された世界であったのに反し，記号論は，言語の周辺から言語学の範囲を超えたおよそ人間の生活圏を包括的に視野に入れている。およそ人類がこれまでの歴史の中で関わってきたあらゆる事象を考察の対象とする。これらの事象は従来の「文法」では考察の対象にはなっていない。

---

[2] レヴィ・ストロース『構造・神話・労働』pp. 87f., 119f.。

[3] マルティネ『機能・構造・音韻変化』p. 41。絵画の領域でも従来にない可能性を求めて，現実の人体のフォルムあるいは構図をはみだした作品がある。D. アングルの「グランド・オダリスク」(1814) はしろうと目にもモデルの女性の体型が異常である。通常より長い背中，通常より大きい臀部，通常より長い手。菱川師宣の「見返り美人図」，上村松園の「ほたる」，竹内栖鳳の「斑猫」は通常のヒト，猫の身体構造上ありえない構図である。ありうるか，ありえないかの瀬戸ぎわ，レアリテと芸術的完成度の極限までつきつめて，いずれも名画と評されおり，芸術作品として成功し名画と称されている。

自然科学系の学問も言語なくしては存在しえない。自然科学における新しい発見・発明も新しい実験結果も言語を用いなければ伝達の方法がないからである。まして人文社会系分野では言語の果たす役割は大きい。文学，思想，歴史，文化といった人文学，社会学においては，考案された新しい思想，文化を表現するために言語はどのように効果的に使いこなされているのか，あるいは書き残された文献をどのように読み取るかということ自体が大きな課題である。それぞれの分野の研究は言語を通じて専門領域の境界を取り払わなければ的確な解釈は難しい。

言語の世界は，従来考えられているような狭い世界ではない。学習してえられた知識ではなく，天賦の才としてであろうが，シェイクスピア，T. S. エリオット，F. ベーコンような詩人，作家，思想家のほうが言語学者よりも言語についてより深く，より広く知っている場合が十分にありうる。芸術家，思想家は，自分の言語にある潜在的な可能性を明らかにしたり，可能性を拡大したりして言語手段を極限まで活用する。

新しい詩学，文化の記号論では，詩人，作家，思想家にかぎらず一般大衆が共通に潜在的能力として持ち，無意識のうちに発揮した，想像的，創造的意味，あるいは感情の表現方法も取りあげる。

記号論は，現代の人文学，社会学ばかりではなく，多種多様な学問分野に大きな影響力をもつ。[4] また，記号論自体もさまざま

[4] たとえば，日本記号学会の『記号学研究』第1号（1981）には，「記号現象は，認識・思考・表現・伝達および行動と深く関わり，したがって，哲学・論理学・言語学・心理学・人類学・情報科学，そして文芸・デザイン・建築・映

な学者がさまざまな方法とテーマで論じている。

本書で目的とするのは記号論的な視点を英語史に取り入れて従来の英語史研究を読みなおすことである。結果として，古典ギリシャ時代から連綿として継続されてきた「文献学（philology）」の精神に立ち返ったといえる。文献学は，古典をあらゆる角度から精査し，できるかぎりの古文献を博捜して原著者が伝えようとした意図をくみ取るべく原著者になり代わって綿密に読みとく作業につきるからである。文献学の作業は，古文献が長く引きつがれてゆくうちに火災，戦争などの災害のために欠損したたった1語，1行あるいは1頁をほかの文献資料を博捜し，精査して復元し，特定する。文献を，言語学の専門書にかぎらずに博捜し精査する点が本書の方法と似ている。

最近，英語史に外面史，文化史を取り入れる傾向がみえるが，述べられている英語史と文化史との相関関係の必然性が説明されてない。[5]

画・演劇・舞踊・音楽その他さまざまな分野」に関わるとあり（p. 310），掲載論文も，建築，景観，住居に及ぶ。

[5] イギリス文学史とイングランドの文化史との相関関係でまず参照すべき文献は川崎寿彦先生の『森のイングランド』ほか一連の著作である。

第Ⅰ部

マルティネ（**A. Martinet**）の言語学原理

第 3 章　マルティネの言語学原理[1]

1.　プラーグ学派，特にマルティネの言語学原理

従来，言語学の周辺に位置づけられていた意味論と音声学のうち意味論の分野では，記号論にもとづき，めざましい進展がみられるのに反し，音声に関する新しい視点の開発は表明されていないようである。一般言語学では，言語研究の中核をなすとみなされている音声の重要性を考え直し，マルティネと有坂秀世の言語学原理にもとづき，音声が言語研究の根本をなすということの意味を改めて考えなおすことには相応の意義がある。マルティネと有坂秀世は，無味乾燥になりがちな音声学，音韻論について，ヒトの調音器官の特殊な構造と産出された言語の音声との相関関係を従来になく具体的に，興味深く究明した。

---

[1] プラーグ学派の音韻論を批判的に研究した有坂秀世の『音韻論』（1940, 1959[5]）は現在でも再読，三読に値する音韻論，言語学の必読書である。

従来の言語学は共時的側面を優先させる。その場合，対象とする言語が静止しているという前提で言語事実を記述することから始める。言語が静止しているとみなすことは，無意識的にしろ，その時代の言語の体系がそれなりに完全であるとみなすことである。したがって，記述された発音，文法は固定して，安定した規則体系を維持しているような印象を与える。あるいは，言語の発音体系，文法規則は，安定し，固定している姿が常態であるという前提で考察する。しかし，音声が言語の中核であり，次いで形態，統語法，そして最後に意味の考察に至る，という従来の言語学の手順には，決定的に欠落している部分がある。それは従来の言語学が中核に位置づけている音声学，音韻論が発音を扱う学問であるにもかかわらず，ヒトの調音器官の特殊な構造を考慮していないことである。

言語の共時体系は完全にみえても，ヒトの口腔にある発音器官がその構造上，不整合であるかぎり，完全な静止状態ではありえない。そして，実は，不整合な調音器官の形状に言語の持つ不断の変化への兆候と無限の可能性が潜んでいるのである。

ヒトの調音器官を考察する際にもっとも注意すべき点は，「調音器官は不整合である」ということである。「不整合」ということは「完全の否定」であり，「不安定への兆候」であり，「変化への兆候」であり，「無限の可能性」の原点である。「調音器官の不整合な生理的構造→調音器官の不整合に由来する不整合な音声変化→不整合な音声変化により生じた不整合な文法の体系を修復しようとする心理的な作用」と視野を連鎖的に，動的に拡大すべきである。このような考察法は，音声学は音声だけを考察し，形態論は形態だけ考察するという狭い視野ではなく，言語を形成する発音から心理面までの全体を考慮に入れた広く，深い視野にもとづき考察することである。音声の変化も形態の変化も心理的に連動する。音声，文法（形態と統語法）は意味と連動して変化する。結局，言語を構成する3部門である音声，文法（形態と統語法）と意味は全体としてひとつの生命体のように連動して機能している。音声，文法（形態と統語法），意味・心理は，身体を形成する骨格，筋肉，神経，脳が交感し，連動しているのと同様に連鎖的に機能する。

2.　調音器官の不整合な構造

従来の言語学における音声学，音韻論は，調音器官の構造を図示し，記述するだけで，発音をつかさどる調音器官の形状と機能が備えている重要な役割を考慮していない。母音，子音の調音位置を図示し，ついで音声体系，音韻体系は安定しているかのごとく一覧表を表示し，机上の論として母音，子音の構成を記述してきた。

調音器官の不整合について詳しく論じるには理由がある。従来の一般言語学は，聴取（理解）する側に視点を置いた言語学であった。発話と聴取からなる言語活動の中でも，聞き手の理解という立場にたっての言語学であった。[2] しかし，発話者が表現する立場からみた言語学では，発話者が表現内容・意味を発信する立場

[2] 安井稔『英語学史』pp. 50f., 78ff.。

からみた言語学である。したがって，発話に際して直接関与する道具となる調音器官が不整合であればその調音器官の不整合が発音にどのような影響を与えるかは避けられない問題である。不整合な調音器官は不整合な音声体系，音韻体系を生みだし，必然的に不整合な文法の体系を生みだす。文法の不整合な体系は，理想的な整合性のある，言語経済に適合した体系を求める心理的傾向と対立し，競合して言語の変化をもたらす動的要因となる。

言語は現実に生きて使われているかぎり，完全に規則的で，完全に整合した理想の言語の体系というのはありえない。言語は，いつでもどこでも不整合な状態にあり，不整合な部分が原因となって常に変化が生じる。完全に整合した音韻体系，文法体系を持ち，したがって，変化しない言語の存在は報告されていない。どの地域の言語にも，いつの時代の言語にも発音の体系，文法体系には必ず不整合な部分がある。整合性のある理想の発音体系，文法体系を求めて不整合を修復しようとする心理作用が働き，その結果，言語は変化していく。しかし，ひとつの不整合な箇所の修正は別の箇所の新たな不整合を招き，不整合の修正は必ず次の新たな不整合を生じる。したがって，言語は生きて使われているかぎり絶えず変化する。マルティネはこの件に関して次のようにいう。[3]

(1)　It is a fact, however, that every language is at every moment in the process of evolution.

（とにかく，およそどんな言語も，いついかなるときにも，進化

[3] マルティネ『機能，構造，音韻変化』pp. 40f.。『言語学要理』p. 240。

の流れにのっていることは事実である)

(Martinet, *Elements of General Linguistics*, p. 185，英語版，三輪訳; 三宅徳嘉訳，p. 240)

(2) There will never be a final state of equilibrium established once for all; the very functioning of language will ensure its incessant evolution.

(これきり最後という【共時的】均衡状態はありえない。言語が生きて機能を果たすかぎり必ず不断の進化が生じ続ける)

(Martinet，同上書，p. 212，英語版，筆者訳; 三宅訳，pp. 278-9)

言語はかならずいつでも歴史の中にある。いいかえれば，言語はいつの時代にあってもつねに変化への可能性をはらんでいる。したがって，いつの時代の言語を共時的に考察する際にも，かならず通時的な視点もあわせ持つ必要がある。言語がいつの時代にあっても不整合である究極的な原因は調音器官の不整合な構造にある。言語がいつの時代，どこにあっても不整合であるとすれば，言語にみられる不整合，不規則はなぜ生じるのかが問われなければならない。

3. 人間の言語の独自性

サル，クジラ，イルカ，アリ，ハチといった生物もある種の言語らしい機能を持つ。ネコは「威嚇」など約 20 種類の信号を持つといわれている。しかし，ヒトの言語が持つ多様で高度な機能はほかのいかなる生物の「言語」とも次元が異なるほど優れている。たとえば，母音，子音の明確な区別と種類の多さ，発話の内容の無限性。さらには，ヒトの言語は時間と空間を超えることができる。未来（「明日は雨かもしれない」）と過去（「昨年は大変な不況だった」）を語り，視界を超えた遠方でのできごと（「北極では氷の減少が激しいそうだ」）について語ることができる。しかし，ほかの生物の言語では時間と空間を越えることは不可能である。

ヒトの言語の中核をなし，原点をなすのは「発音」である。発話と聴取がなければいかなる言語も存在しない。発話は調音器官を用いて行われる。ヒトの調音器官の不整合は地球上のすべての人類に共通である。したがって，すべての言語が持つ「不整合性，不規則性」は人間の言語の普遍的特徴である。したがって，それぞれの言語の発音の体系が調音器官の不整合とどのように関わっているかを読み解くことがもっとも重要な課題である。このような視点はヨーロッパの学界にみられる。[4]

理想の体系を志向する発音と調音器官の不整合とが具体的にどのように関連し，どのような結果を生み出すのかを中心に具体的に検討する。[5]

言語とその機能は，人間に原初的に賦与されているものではない。その証拠に，人間が発話に用いる諸器官はすべて別に第一義的機能を持っており，発話は副次的機能である。たとえば，肺，

---

[4] プラーグ学派，特にフランスのマルティネ（A. Martinet）。*Économie des changements phonétique: Traité de phonologie diachronique,* 1955，1970[3]（『音声変化の経済性』）はその主著。

[5] 以下，三輪『英語史への試み』1988，pp. 14ff. も参照。

気管は呼吸を第一義的機能とし，鼻はにおいをかぐのが第一義的機能であり，舌は味覚を，歯は食べ物を咀嚼するのが第一義的機能である。言語はこれらの消化器官の副次的機能に依存して成立している。調音器官，特に口腔内の諸器官が言語の目的と使用を第一義的機能としていないために，歯，舌，唇などは消化には都合のいい構造にはなっていても，言語にとって都合のいい構造にはなっていない。したがって，調音器官としては，発話する際に，不整合な消化器官の構造に大きく左右される。以下に図示するのは母音の口腔内の実際上の位置と理論的な理想の体系図の概念図である。

図（1）　調音器官の構造と理想の母音体系

(A) 実際の母音の位置　　　(B) 理想の体系

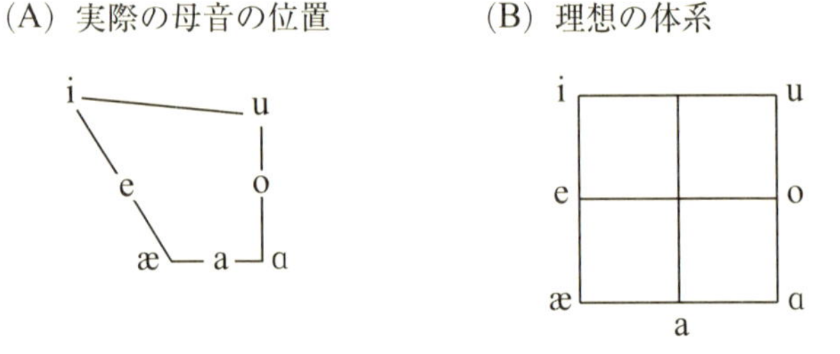

((A) は Haudricourt & Juilland, 1970, p. 35 にもとづく)

実際の母音の位置が不整合となっている原因は，舌の不整合な構造と活動域の不整合な動きにある。具体的な例を [i] と [ɑ] で検証する。理論的に理想の音韻体系では両音とも対等の位置と機能を持つようにみえる。しかし，現実には，舌尖は口腔内で，前後，上下，左右に自由に動く。しかし，舌根は口腔の最深部に固定されている。したがって，舌の前方で発音される [i] は前後，上下，左右にもっとも広い活動域を持つ。他方，対極的に，動きの不自由な舌根に近い [ɑ] の活動域はもっともせまい。

このような調音器官の現実的な不整合と理論的に理想の音韻体系とのずれは言語の体系のあり方と言語の体系のあり方に大きな影響を与えるので，理論的研究でも無視できない不可欠の要因である。母音にしろ子音にしろ，人間の調音器官が産出できる範囲内であればどの音・音素を選択し，発話連鎖のなかでどのような順序に並べるかは各言語にまかされている。[6] つまり，恣意的・選択的であるが，現実には調音器官の不整合な構造に制約されているという事実は避けることのできない言語の根元的な問題であるので以下に詳しく論じる。[7]

4.　発話機能の優位性

調音器官の構造は生理学の領域であって言語学の領域ではないという見解は意味をなさない。調音器官そのものは生理学の領域である。一方，意味の問題は純粋に心理学の領域である。ところが，言語活動は，音声という純粋な生理的な領域から，文法という言語の領域を媒介として，意味という純粋に心理的な領域まで幅広く関与する。

---

[6] 音素の数はふつう 30～50。コーカサスのウビラ語では 75（2 母音 73 子音)。一方，ニューギニアのイアトムル語は 15（母音 3，子音 12)（アジェージュ『言語構造と普遍性』1990，白水社，p. 26)。

[7] ソシュールは「記号は恣意的である」とはいっているが「音声が恣意的」とはいっていない。調音器官に依存する母音，子音の発音位置は恣意的に変更することはできない。

発話作用を重視するマルティネとは逆に，ヤコブソンは音の聴覚印象に基づく二項対立を核とした音韻論を確立した。ヤコブソンは，音素にとって重要なのは，各音素それぞれの音的個性ではなく，特定の言語の音韻体系の中における音素の相互対立である，という。そして音素は弁別特徴（distinctive feature）の束である。そのような音素の相互対立を明らかにするために，各言語の音素を二項対立の原理で弁別特徴に分析し，音韻論に新しい地平を開拓した。言語音を聴取の立場から，音素に分析するには二項対立で表される以下の十二組の弁別特徴で十分であるという。

図（2）　音素の弁別特徴

1）母音性　／　非母音性
2）子音性　／　非子音性
3）中断性　／　連続性
4）抑止性　／　非抑止性
5）粗擦性　／　円熟性
6）有声　／　無声
7）集約性　／　拡散性
8）低音調性　／　高音調声
9）変音調性　／　常音調性
10）嬰音性　／　常音性
11）緊張性　／　弛緩性
12）鼻音性　／　口音性

（R. ヤコブソン，C. G. M. ファント，M. ハレ『音声分析序説』1952，竹林・藤村（訳），研究社，1965，p. 66）

しかし，ヤコブソンのあげた12項目の弁別特徴は主観的であり，抽象的であり，誰もが確信を持って客観的に区別できるものではない。また，言語は発話と聴取の2面からなっていることはもっとも基本的な事実であり，これらの両側面は言語研究にとっては不可欠である。

5.　発話作用の生理的側面と心理的側面

人間の言語はある種の動物の音声と同じく吸着音（click）を活用した言語に源を発すると推定される。[8] しかし，ヒトの言語は発展史上のある時点で吸着音の利用から，声帯の発声機能を取り入れた上で，呼気を利用し，口腔，鼻腔，気管，唇，歯，口蓋，舌を縦横に活用するようになった段階でほかのすべての動物の言語とは次元を超えた機能を獲得した。[9] その際，呼気を使って声帯で音声を発し，口腔内の調音器官で呼気を妨げることなく発声し，舌の位置，口の開閉度の違いから母音をうみだした。母音の誕生である。

一方，声帯で有声と無声の区別をもうけ，口腔，鼻腔内の諸器

[8] 現代でもアフリカ南部のコイサン語族（Khoisan）に残されている。舌打ち音ともいう。鳥類も使う。マルティネ『言語学要理』p. 72。

[9] 約10〜15万年前に現れた現生人類（ホモ・サピエンス）は言語を獲得し，獲得した知識，経験を言語で子孫に伝え，蓄積することにより以後，時代と地域で移り変わる環境に適応して加速度的に全地球規模で拡散していった。他方，時代が重なることもあったが言語を持たなかったネアンデルタール人は絶滅した。

官を開いたり閉鎖したり，あるいは呼気の通り具合を調節することによって閉鎖音，歯擦音，唇音，口蓋音，鼻音などのさまざまな子音を発音しわけるに至った。子音の誕生である。

母音の体系と子音の体系が確立されると，二本足歩行により格段に大きくなった脳は言語運用の能力を獲得し，意味を表現するための配電盤である「文法組織，言語の体系［ラング］」が，意味と聴覚映像との間に成立した。口腔内の消化器官が調音機能を獲得した際に脳が関与して文法組織が確立した。心理的な意味作用と生理的な発音とが連携して脳内に「言語の体系」が誕生した。こうして「意味」という心理的な側面の機能と「発音」という生理的な側面の機能が表裏一体の関係をなして言語の体系が確立した。言語の生理的側面と心理的側面が表裏一体となって活動する組織が構築されたのである。

言語は，表現と伝達の機能をまっとうするためには論理的に均整のとれた体系であることが望ましい。例外のある体系よりも均整のとれた体系のほうが記憶しやすく，言語運用上経済的であり効率的であるからである。したがって，潜在的な言語の体系は，常に均整のとれた理想の体系を求めて変化する傾向を持つ。これがマルティネのいう言語の持つ「記憶の経済性」への傾向である。[10] 近代英語で 3 人称代名詞の it—*his*—it が it—*its*—it に変化したのは記憶の経済へのわかりやすい例である。しかし，言語の体系が整合性を求める心理的傾向とは逆に人間の調音器官は整合

---

[10] マルティネ『言語学要理』pp. 245f.。*Économie de changemanets phonétiques* (1970[3])。

性のある構造をしていない。言語の経済的な運用のために言語体系の整合性を求める心理的傾向と現実に不整合な生理的構造を持つ調音器官との相反する作用のせめぎあいが言語の変化を生みだす重要な要因であり，エネルギーとなる。近代英語における it—*his*—it から it—*its*—it の変化は，音声上の事情とは関係なく，類推という純粋に心理作用が原因で成立した例である。[11]

6.　言語変化における生理的側面と心理的側面との関係

普通，調音器官の不整合により音声変化がまず発生し，音声変化の影響を受けて形態の変化が生じる。ついで，音声の変化の影響を受けて形態の体系が不整合を生じる。形態の不整合を修正しようとして類推という心理作用が働いて形態上の不整合を修正する。これが従来の言語史の教える言語変化の過程である。ところが，it—*his*—it が it—*its*—it に変化したのは，音声とは無関係に his が its に交替した。従来の，音声変化→形態変化→類推による形態の不整合の修正という順序をたどるはずの変化過程が守られていない。

この現象は，言語の変化は一方的に音声変化から始まるわけではないということである。逆に，心理的な要因で音声変化が生じることがあるということである。あるいは，音声と意味はたがいに連動するが，時として，不都合を回避するためにそれぞれが自発的に独自に変化をすることがあるということである。

[11] 本書第5章「英語の人称代名詞の変遷」参照。

7. 言語変化にみられる心理作用

言語変化に心理的側面が影響した典型的な例が母音 [i] の影響による口蓋化（palatarization）である。[12]

比較的整合性のある「日本語の 50 音図」のなかで，不安定な印象を与えている例が「た行」の「ち」である。理論的には「ta—ti—tu—te—to」が求められているが，調音器官の現実的な働きで「ち [ʧi]」が不整合である。この場合，[ti] が [i] に同化されたのである。すなわち，[ʧi] は「口蓋化（palatariza-tion）」が原因である。しかし，もし，「た行」で口蓋化が生じて [ti] が [ʧi] に変化するのであれば「た行」よりも先に「か行」における口蓋化が作用して [ki] が [ʧi] に変化するはずである。一般的に [ki] が [ʧi] に変化する口蓋化のほうが頻繁に生じるからである。しかし，現実には「か行」における口蓋化（[ki] > [ʧi]）は生じていない。この変化は，意味，形態，統語法に関係なく機械的に音声の変化は生じる，という従来の考え方は絶対ではないということをあらわしている。音声変化は文法体系とは別に単独で機械的に進行すると考えられているが，実は，生理的，物理的な音声変化も，心理面からの制約を受けることがある。つまり，言語変化は，音声，文法（形態，統語法），意味の領域を過不足なく均等に考察することが必要であるということの論拠をみることができる。

もし，「カ行」の [ki] が口蓋化 により，[ʧi] になると無数の同音異義語が生じて言語運用上きわめて不都合な状況が生じること

---

[12] i-mutation（ウムラウト）の一種。

になる。

日本語には「き」と発音される語，語句は多数あり，[13] 基本的で重要な語も多く，合成語も多岐にわたって多数を数える。単純な例が「きしゃのきしゃがきしゃできしゃした」という表現は「ちしゃのちしゃがちゃでちしゃした」となり「貴社の記者が汽車で帰社した」という解釈ができなくなる。『古事記』と『日本書紀』の両方をまとめてあらわす「記紀」という便利な表現は「ちち」となり「乳，父，遅々」などと区別がつかなくなる。[14]「危機」も「ちち」になってしまう。一方，「きしゃ」には「喜捨，騎射，貴舎」などがあり，「ちしゃ」には「知者，治者，萵苣［チシャ］」があるからである。したがって，日本語における「ち」と「き」の同音化は心理的に阻止されている。生理的現象である発音の変化が不都合を忌避しようとする心理面の抵抗により阻止されているという証拠である。[15]

8. 発音変化にみられる心理的作用の具体例：近代英語の [k, g] の口蓋化

反対の例を取り上げてみる。古期英語期に [k] ＋前舌母音 [i,

---

[13] 例：己，忌，企，机，気，記，紀，奇，季，軌，機，木，着，希，岐，祈，貴，旗，器，帰，起，飢，鬼，基，輝，騎などが血，地，知，痴などと同音異義語になる。奇異→地位，気炎，奇縁，貴園，機縁が遅延，地縁と同音異義語になる。

[14] この場合，アクセントは方言により多様なので考慮していない。

[15] サピア「言語における音声構造の型」参照。なお，沖縄方言などでは「き」が「ち」になる場合がある。「気張れ」→」「ちばりょう」。

e, æ] で [k] の口蓋化が生じた。[16]

(3) 古期英語の [k, g] の口蓋化

ゴート語 [k]	古期英語 [ʧ]	現代英語 [ʧ]
kinnus	ċin	chin
kiusan	ċēosan	choose
*kaupaz (WGmc)	ċēap	cheap
*kaf-,kef- (?Gmc)	ċeaf	chaff
*kerlaz (WGmc)	ċeorl	churl

これに反し，同じ条件でも近代英語期の [k] の口蓋化は成立しなかった。近代英語の [k, g] の口蓋化は初期文法学者 (early grammarians) によって次のように記録されている。[17]

(4) 近代英語の [k, g] の口蓋化

a. [k] の口蓋化

For example, *y* is often put in after guttural consonants when a palatal vowel follows: *can*, (am able), *get*, *begin*, etc. are pronounced as if written *cyan, gyet, begyn*.

(J. Wallis, *Grammatica Lingvae, Anglicanae*, 1653, tr. by J. A. Kemp, p. 207)

b. [g] の口蓋化

[16] 有坂秀世, p. 252, Prins, pp. 200, 226f., 227。

[17] Jespersen, *MEG* I, pp. 349-519 には，ほかに 18 世紀では Sheridan (1780)，Elphinston (1787)，Walker (1791)，19 世紀にはさらに 4 名の初期文法学者の名前があげられている。

gyarded【現代英語の guarded】

(R. Robinson, *The Art of Pronunciation*, 1617, p. 52)

Gg——gyee——gätes【現代英語の gate】

(R. Hodges, *The English Primose*, 1644, p. 217)

古期英語期には [k, g] の破擦音化（口蓋化）が生じたのに反し，近代英語期では破擦音への兆候は認められるのに結局，破擦音化は成立しなかった。古期英語期には，[ʧ, ʤ] の音は存在しなかったが近代英語期には存在していたので新たに [k, g] が破擦音化して [ʧ, ʤ] と同音化すると同音異義語が増えて，意義の区別に支障をきたすために [k, g] の破擦音化は回避させられたのである。たとえば，kill-chill，cart-chart，guest-jest など。音声変化は，形態や統語法，意味とは関係なく機械的に生じるとされているが，実は，音声変化が形態，統語法，あるいは意味の体系に不都合を生じる場合は不都合を回避したいという心理作用により阻止されることがあるという証拠である。この場合にも，音声，形態，統語法と心理面の意味とはたがいに単独に変化するのではなく，相互に牽制しあい，張りあっていることがわかる。[18] 言語の体系を不都合なく維持しようとする心理的な傾向はそれほど強固である。

9. 「大母音推移」にみられる心理作用

生理学の領域に属する音声変化が心理作用の影響を受けた別の

---

[18] 有坂『音韻論』p. 252。

例をもうひとつあげる。

英語の音韻史上もっとも目立つ変化である「大母音推移 (Great Vowel Shift)」はすべての長母音とすべての二重母音[19] を変化させるほどの大規模な変化であった。大規模な音声変化であったにもかかわらず音声の体系の枠組み全体は混乱することなく整然と進行した事実の背景には心理的な「音声の体系」が作用していたとしか考えられない。その「大母音推移」の進行中に興味深い音変化が別個に生じた。中期英語 (Middle English) の ee [eː] と ea [ɛː] の同音化である。同音化した語をあげる。

図 (3) ee [eː] と ea [ɛː] の同音化

(A) 名詞：動詞	(B) 名詞：形容詞	(C) 名詞：名詞
bean—been	deer—dear	beech—beach
beet—beat	shear (v., n.)—sheer (a.)	breech—breach
leek—leak (n., v.)	week—weak	piece—peace
meat—meet		queen—quean
reed—read		ceil—seal (n., v.)
flea—flee		wheel—wheal
heel—heal		
peal—peel		
sea—see		
seam—seem		
steel—steal		

(Jespersen, *Mod. Eng. Gr.*, 11.74, p. 338)

[19] 外来音の二重母音 oi, oy [ɔɪ] を除く (三輪『英語史への試み』第 II 部第 4 章参照)。

ee [e:] と ea [ɛ:] との同音化は基本単語，頻出語が多いので言語運用上かなりの不都合，不便をもたらしたであろうと思わせる。しかし，実際は，あまり不便をもたらさなかった。機能負担量 (functional load)[20] の多い ee [e:] と ea [ɛ:] との同音化は言語運用上不都合になるので回避されるはずである。それにもかかわらず言語運用上に不都合が生じる同音化がなぜ生じたのか。一般的には，同音異義は避けられる。特に，機能負担量の多い ee [e:] と ea [ɛ:] との同音化を避けようとする心理作用が働くことが予想される。しかし，実際に ee [e:] と ea [ɛ:] との同音化は生じたのである。そこで ee [e:] と ea [ɛ:] との同音化の結果生じた同音異義語を調べてみると以下のことがわかる。上の図 (3) の中で，

「(A) 名詞と動詞」と「(B) 名詞と形容詞」のグループではたがいに品詞が違うので用いられる文脈が異なり混同されることはない。意味もかなり違う。

「(C) 名詞と名詞」のグループでは意味の違い，用いられるコンテクストの違いから混同されることはない。[21]

これらの事情を考慮すると，ee [e:] と ea [ɛ:] との区別を維持するよりも同音化したほうが心理的な負担は軽減されて，言語の運用上，記憶上経済的な結果となった。

また，ee [e:] と ea [ɛ:] との同音化のなかで特に興味深い変化が生じた。queen—quean の同音化である。究極の語源は同じ

---

[20] マルティネ『機能，構造，音韻変化』pp. 15f.。
[21] Samuels, M. L. *Linguistic Evolution,* pp. 146f.

で，中期英語の時代まではかろうじて区別されていたようであるが，大母音推移で同音化した。同じく「女性」を意味したが queen は「女王」であり quean は「あばずれ女」である。エリザベス女王の時代にこの同音化ははなはだ不都合であったために，以後 quean は廃れて古語となった。この現象の心理的な原因は明白である。大英帝国の「エリザベス女王」と「あばずれ女」が同じ音形では日常のコミュニケーションにおいて大変に不都合であるからである。

「ee [eː] と ea [ɛː] との発音上の微妙な区別を維持するよりも同音異義語が生じても差し支えがないのであれば同音化したほうが心理的な負担は軽減されて，言語の運用上経済的な結果となった」という変化と「「大英帝国の女王」と「あばずれ女」が同じ音形では大変に困る」という意識作用が原因であるという現象は，調音は生理学の領域であり，音声は音響音声学の領域であると区別した考え方では説明できない。音声の現象であるとはいえ心理の働きを無視することはできないという証拠になる。

英語史上最大規模の大推移である大母音推移がさしたる混乱なく推移した現象はいうまでもなく背景にある心理的な音韻体系による音韻体系全体の維持である。「機能負担量が大きい ee [eː] と ea [ɛː] であるが，同音化しても支障はない」という心理作用が働く一方で「queen—quean の同音化は困る」という心理作用も働いた。大母音推移が長期にわたり大きな混乱なく推移したこと，queen—quean の同音化と，その後，ee [eː] と ea [ɛː] の同音化という この三つの現象は，意味，形態，統語法に関係なく機械的に音声の変化は生じる，という従来の考え方に反して，心理とは無縁と考えられてきた音声変化に心理が大きく干渉するという証拠である。

10. 「母音変異（i-mutation）」にみられる心理作用

英語の不規則変化名詞にみられる i-mutation（母音変異：ドイツ語 Umlaut，ウムラウト）という音変化がある。例：man—men（<*mann-iz），foot—feet（< *fōt-iz）; 動詞の同語源語: set—sit（< *set-jan。seat も同じ語源）。この現象は，強勢のある語幹母音 [a, u, o] が，後続する弱勢の [i, j] の影響によって [i] に近い音に前舌化される現象で一種の同化とみることができる。ウムラウトにはこの i-mutation のほかに [a, u, o] の影響によるウムラウトもあるが，通例ウムラウトといえば i-mutation を指す。i-mutation は「母音の中でもっとも広い活動域を持つ [i] が後続の母音を牽引して起きる」と理解されているが，「[i] という無機的な音にほかの音を同化する力があるのか」という疑問が生じる。

古期英語 fōt の複数形 * fōt-iz は後舌母音 ō [o:] を発音してから前舌母音 [i] を発音するには [o:] と [i] 距離が離れているために舌を移動させるのに時間とエネルギーを要する。口腔の奥で発音される [o:] から前舌母音 [i] との位置が離れているために要する時間とエネルギーを節約するために互いの位置の中間点に発音位置を移動させる。それが i-mutation である。この説明は，口腔内で，音を区別して発音すること自体エネルギーの差がきわめて微弱なのですぐには理解しがたいが，実際に [o:] と [i] を連続して発音して比べてみるとよくわかる。 [fōt-iz] の場合，先行する

後舌母音 [o:] は口腔の奥のほうで，舌を下げて発音されるのに反し，[i] は前舌位置で舌を上げて発音されるので互いに離れており距離が長い。[o:] が後続する [i] に同化されて前舌の ē [e:] になると時間と距離とエネルギーが節約される。[22] 口腔内での音声の発音に要するエネルギーはきわめて微弱であるために発音に際してのエネルギーの差異ということは意外に理解されていない。口腔内で，1 音 1 音を生み出すために必要とされるエネルギーがきわめて微弱であるということを理解してはじめてわかることがある。実は，口腔内で連続するふたつの音の距離が長い場合に消費するエネルギーは近接したふたつの音を発音する場合に比べて著しく大きい。したがって，遠い位置にあるふたつの音は必然的に接近する。たとえば，江戸風の俗語で「待っつくれ（待ってくれ）」，「書いつくんねえ（書いてくれ）」という発音は突拍子もないように思えるが，実は非常に合理的，効率的な発音手順でなされている。

[i, i:] は口腔内のどの音からも距離がある。このことが i-mutation が最も多く発生する原因である。[i, i:] という音そのものに後続音を牽引する力があるわけではない。実際に作用するのは「距離の離れた [i, i:] を次に発音しなければならない」という「心理的な切迫感 (anticipation)」である。その結果生じた音は先行する幹母音と後続する [i] の中間点になる。[i] という特定

[22] このことは古く Wallis (1653) に示唆されている（pp. 60-61, 207f. tr. Kemp）。

の音が牽引するのではなく，一般的に，前後ふたつの音声間の距離が長い場合に，距離と時間とエネルギーの節約のためにウムラウト（mutation）が生じると考えることによって，母音変異が [i] に限らず，ほかに [a, u, o] の影響によって生じるウムラウトもあることが理解できる。[23]

50 音図中の「み，に [mi, ni]」の場合，[m, n] に [i] が後続するにもかかわらず同化は生じない。[mi, ni] に同化が生じない理由は，[mi] の場合，先行する子音 [m] は両唇を閉じて呼気は鼻腔に抜ける。この時，舌は [m] の発音に関与していないので，口を閉じて呼気が鼻腔に流れて [m] が発音されている間に後続する [i] に備えて時間の余裕をもって準備できる。[ni] の場合は先行する鼻音 [n] は舌尖を硬口蓋に接して呼気を止めて鼻腔に呼気を通した後に硬口蓋に接した舌尖を離して呼気を破裂させる。舌は [n] を発音した後に後続する母音 [i] に備えることになるが，[n] を発音した位置で舌先をわずかに下げて呼気を通せばそのまま母音 [i] の発音になり，時間もエネルギーも距離も必要としないので i-mutation は生じない。

『英語語源辞典』（研究社）は i-mutation（Umlaut，ウムラウト）について以下のように図解している。

[23] ウムラウト（i-mutation）と口蓋化（palatarization）は古くから別の現象とみなされてきたが，「同化（assimilation）」という同じ現象と考えたほうが合理的。

図（4）

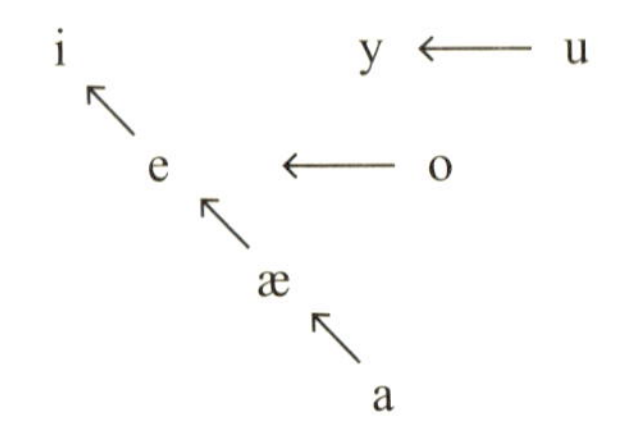

例： OE < Germanic（Gothic）

1） OE e < Gmc a

OE tellen‘to tell’ < Gmc*taljan ←*talō（PE tale）

2） OE ǣ < Gmc ā

OE rǣran （to rear） < Gmc*rāsjan （ON reisa ‘to raise’ ）

3） OE y < Gmc u

OE fyllan‘to fill’ < Gothic *fulljan

4） OE ȳ < Gmc ū

OE mȳs‘mice’ < Gmc mūsiz*←*mūs（PE mouse）

5） OE ē < Gmc ō

OE fēt‘feet’ < Gmc *fōtiz ←*fōt-（PE foot）

（寺澤芳雄（編）『英語語源辞典』，1997，p. 1658）

これらの例は，いずれも先行する母音から後続する母音までの距離が遠いので生じる。/i, j/ に限らず先行する母音から（中間の子音を介して）後続する母音までの距離が長いことが発音上過剰なエネルギーと時間を要するためにそれを避けるための変化であると考えられる。

一般的に [i, j, u] が語頭に位置し，しかも後続する音が [i, j, u] から遠く離れている音連続はまれである。語頭から [i, j, u] の準備をし，さらに後続する音を発するには時間とエネルギーを要するからである。

下顎，舌などが自然の位置にあって発音される [a] や [p, m] に始まる語には抵抗がないが，[i, j, u] に始まり，続いて遠い位置の音が続く語は少ない。二重母音も舌や下顎の自然の位置 [a, e, o] から始まる語のほうが比較的多くなる。逆に，[i, u] から始まる [iu, eu] といった音結合は避けられる。英語の母音史においても何らかの事情で一時期存在した [iu, eu] は早々に消滅して，両音の中間にある [ju:] などに変化した。[24]

11. 「母音交替（アプラウト: Ablaut）」にみられる心理作用

なお，古期英語期の ċēosan “choose” の活用形 ċēosan—ċēas—curon—coren には，この時期に発生した諸種の音変化，形態変化の見本をまとめてみることができる。

choose の語源は以下のようである。『英語語源辞典』をわかりやすくして引用する。

(5) 印欧祖語 *geus- “to taste, choose” → ゲルマン祖語 *kiusan 原義? “to test by tasting” → 古期英語 ċēosan

choose はもっとも古い不規則変化 [強変化] 動詞のひとつで古期

[24] Prins, p. 102.

英語と中期英語（チョーサー）には，

(6)　古期英語と中期英語における choose の活用

	不定詞	過去	過去複数	過去分詞
古期英語：	ċēosan	ċēas	curon	coren
中期英語：	cheesen	chees	（消滅）	chosen

と活用した。規則的な音変化形に由来する中期英語の cheesen—chees の語頭の ch- と語末の -s- が類推により過去分詞形に及んだ（coren > chosen＝心理作用が発音に影響した）。現代英語の不定詞形 choose の -oo- は過去分詞形からの類推。過去分詞 coren の -r- はヴェルネルの法則（Verner’s Law）[25] により元来の -s [s] が [z] となりさらにロータシズム[26] により [r] に変化し［＝純粋に音変化］，それが不定詞，過去の -s- との類推で -s [s] が [z] に変化した［＝心理作用が発音に影響した例］。その後，cheesen—chees—chosen から現代の choose—chose—chosen に到達するまでには幾多の紆余曲折が想定されるが，いずれにしてもどの語形もいろいろな経路をたどりながらも，不定詞—過去—過去分詞が結局現在の規則的な choose—chose—chosen に統一されたのは音声変化と心理的な類推とが相互に交感して記憶の経済性を目指す言語の強い心理的傾向が認められる。なお，choose—chose—

[25] p, t, k, s が語頭の位置になく，その直前にアクセントが来ない場合は，有声化して b, d, g, z になる exhibítion [-k-] — exhíbit [-g-]。グリムの法則の例外で，K. Verner の発見（1877）。

[26] rhotacism＝[z] 音が [r] 音になる現象。ギリシャ語の σ（rhô）にちなんで「ロータシズム」という。

chosen とは印欧祖語以来のいわゆる母音交替（アプラウト＝ドイツ語 Ablaut)[27] を形成するようにみえる名詞の choice は，印欧祖語の時代には動詞形と母音交替を形成した。[28] ゲルマン祖語の時代に俗ラテン語に借用され古フランス語 *causīre から現代フランス語の choix となった。英語には中期英語の時代に chois としてフランス語から借用された（逆輸入；初出 *c*1300)。英語で印欧祖語以来の母音交替を維持している語は，ほかに，

(7)　母音交替（アプラウト）一覧
sing—sang—sung—*song*（斜字体は名詞）
bear—bore—borne，born + *bier*（死架），*burden, birth*；
drink—drank—drunk + *drench*（ずぶぬれ（にする））;
ride—rode—ridden + *road*（馬での旅>道路）;
drive—drove—driven + *drift*（押し流される潮流），
drove（追い立てられる家畜）

などがある。これらはいずれも動詞形と名詞形とのあいだに古い時代のアプラウトの名残がある。しかし，choose と choice のあいだには心理的に幾分距離感があるのは choice の持つ二重母音 -oi- が英語らしくない印象を与えるからである。oi, oy という発音・綴り字がフランス語から借用され，oi, oy 持つ語のほとんど

---

[27] 動詞 sing-sang-sung + 名詞 song のように，幹母音の交替で文法機能を変える現象。日本語の母音調和。例：まったり—みっちり—むっちり—もっちり；むくむく—めきめき—もくもく。
[28] 印欧祖語における基本の再建形は *geus-。

がフランス語からの借用語だからである。[29]

12. 発音変化における心理作用の結論

調音器官の不整合という視点で英語史におけるいくつかの音変化について述べてきた。古期英語期における k, g の破擦音化（口蓋化）と，近代英語期では破擦音の阻止，「日本語の 50 音図」における「カ行」の [ki] の口蓋化が阻止された理由，英語史上最大規模の音変化であるすべての長母音が連鎖的に変化した「大母音推移（Great Vowel Shift）」，「大母音推移」の最中に生じた ee [e:] と ea [ɛ:] の同音化，queen と quean の同音化とその結果生じた不都合の回避，古期英語期の ċēosan “choose” の活用形 cheese—curon の変遷を取りあげた。従来，これらの音変化はすべて音声学の生理的な視点から考察がなされてきた。しかし，これらの音変化すべてを通じて無視できないのが音声変化の裏に潜在している強力な心理作用である。数々の音変化を経過しても音声の体系そのものは確固として堅持されているのである。生理的な音声の変化といえども言語変化における心理面への配慮が不可欠である。心理面に存在する言語の体系の干渉はそれほどに大きな要因である。

言語の習得に際しても，ヒトが最初に，また無理なく，ごく自然に発音できる子音は /p, m/ であり，母音は /a/ である。/p, m/

---

[29] 例外は地名の Croydon 1 語のみ。また，boy はフランス語由来らしいが定説がない。

はともに唇音であり，/p, m/ を発音する際には舌は自然に /a/ の位置にある。したがって，/pa, ma/ がもっとも発音しやすく，最初に習得される連音である。[30]

また，ウムラウトはなによりも，主音節の母音を発音する際に脳中の意識に現れる後続音節の /i, j/ への「心理的な切迫感 (anticipation)」が引き起こした現象である。このことは，音韻変化が音声学という単なる生理的，物理的な調音行為，音響音声学の物理的な音声の領域から心理学の領域にいたる考慮が必要とされることを示しているもうひとつの例である。

ここまで，言語を全体として理解するには，文法（語形，統語法）だけではなく，生理的，物理的な音声面と，心理的な意味の面も均等に配慮すべきであるということを述べてきた。

13.　マルティネの言語史の原理：　むすび

音声変化は不整合な調音器官と理想の音韻体系とのずれ，食い違い（齟齬（そご））が原因で生じると主張するマルティネは，理論よりも言語事実の観察を優先する自らの立場を「現実主義 (realism)」と称し次のようにいう。

(8)　以下に【本書に】述べてある原理と方法は，これと競争するもの【アメリカの構造主義や変形生成文法】に比べて，現実主義【realism】にまさり，形式主義またはアプリオリーな考え方の少ないことが特色になっている。

---

[30] 多くの言語で幼児が最初に習得する語が a, p, m に類する音である。

(. . .)

【アメリカの構造言語学や変形生成文法は】言語事実の観察をあまりに多くのアプリオリーに従属させており，論理学者や数学者であるよりもさきに言語学者である人にとって，そういうアプリオリーは誰にしても受け入れがたい。ここで【本書で論じられてきた】いくつかの原理を思い起こすことが有益であろう：その原理は，どこまでも多岐にわたるいろいろな言語を調べた結果おのずから取り出されてきたものであり，最近までにどんな事実が確認されても，新たにどんな考察がめぐらされても，これらの原理を遠ざける気持ちをわれわれに起こさせるものは一つもない。[31]

(Martinet, *Elements of General Linguistics*, p. 12: マルティネ，『言語学要理』1970^2，三宅徳嘉訳 (1972), pp. vii.f.)

いうまでもなく，マルティネの通時音韻論は調音器官の不整合だけにつきるものではない。言語変化，音韻変化を問題とする際に「心的にも生理的にも常に優先権を与えるべき言語経済の普遍の枠組み」を構成する「いくつかの原理」が『言語学要理』の結びとして記してある以下の 3 点である。

(9) 1. 最小努力の原理 (the principle of least effort)

2. 思想・感情を伝達し表現しようとする要求 (the need

[31] 引用 (8) の後半第 2 段落は 1971 年の改訂版に付加された。重要な意味を持つ。

to communicate and to express)

3. 調音器官の（不均衡な）構造と機能（the structure and functioning of the speech organs）

（マルティネ，『言語学要理』1970^2; 三宅徳嘉訳（1972），p. 290）

マルティネの言語学の原理に説明を加えなければならない。調音器官の（不整合な）構造と機能とその影響は調音だけではなく，形態，統語法，意味におよぶ。心理的要因も調音に大きな影響がある。調音は，言語全体の根本であり，言語全体のあり方に大きな影響を及ぼす，ということである。逆に，心理的な意味の要因が生理的な領域である音声現象に影響を与える場合もあるということを忘れてはならない。[32] このことは，身体にたとえていえば，脳と神経，心臓と血液の循環，骨格，筋肉，その他の体内のすみずみに至るすべての部位が全体として包括的に，有機的に交感しあって始めて身体機能が完全に遂行されるように，言語も脳中の意味が文法組織（＝心理的側面）から調音器官（＝生理的側面）を通して発声され，音声（＝言語外部分である音響）として聞き手に伝えられる。その際，身体のすべての組織・器官が全体として交感しあい，機能するように，言語も心理的側面から調音器官という身体的側面までのすべての組織・器官が全体として有機的に交感しあいながら機能してはじめて言語としての目的を果たすことがで

[32] 特に，発音に関して，心理的な要因の影響を否定的に評価する時期もあったが，生理的，物理的な領域の発音といえども心理的要因の干渉を無視するわけにはいかない。

きる。脳を含めて身体の心理的，生理的部位と言語学の対象となる各部位・部門はそれぞれ独自に機能するのではなく常に交感しあい，一心同体となって機能してはじめてその能力をまっとうできるのである。マルティネの主張する三つの原理は，個々別々にではなく三つの原理が相互に関連して作用するのである。

従来の考えでは，まず音声が，形態や意味に関係なく機械的に変化し，そのためにそれなりに整合性を保っていた形態の体系に不整合が生じる。そこで，心理的な類推作用が働いて不整合になった形態の体系の整合性が復活する。再び，音声変化が機械的に生じる，形態の整合性が復活する。あるいは，形態の体系内の不整合の修正が連鎖的に別の不具合を生じる。この手順の繰り返しが言語の変化であるとされていた。しかし，言語の変化は，いつも音声変化から始まるというわけではなく，形態，あるいは意味の領域からも言語変化は始まることがある。[33]

要するに，音声，形態，意味の3分野は，それぞれ独自に変化の発端となることができる。そして変化を考察するには，常に音声，形態，意味の全体を視野に入れておかねばならない。そのように考えてはじめて言語変化をよりよく理解できる。そのわかりやすい実例を第II部「入門編」として4種類のテーマを取りあげる：語彙論に関する「第4章 民間語源」，形態論に関する「第5章 英語の人称代名詞の変遷」，統語論に関する「第6章 シェイクスピアにみる統語法」，そして異文化論に関する「第7章『窓』から

---

[33] 結局，マルティネの言語史原理はサピアの言語史原理と共通する。三輪『ソシュールとサピアの言語思想』第II部「サピアの言語史原理」参照。

見える異文化」である。第 III 部では「実践編」として英語史から具体的な例をシェイクスピアの英語から 2 例取りあげる：「第 8 章 auburn: シェイクスピアの色彩語」，それに「第 9 章 green-eyed はなぜ『嫉妬』するのか」である。

第Ⅱ部

英語史の詩学と記号論：入門編
—音韻，文法，意味三位一体の言語学—

言語は，音声学・音韻論，文法（形態と統語法）と意味論の3分野が三位一体として考察されるべきである。第II部では，三つの部門を均等に，包括的に視野に入れることによって言語現象が明らかになる例をあげる。

第 4 章　民間語源（folk-etymology）

1. 「民間語源説」の再検討

視野の広い読みが必要とされることを示す実例として「民間語源（folk-etymology）」という問題を検討してみる。popular etymology ともいわれている。「語源俗解」とも訳す。

民間語源とは，話し手にとって語源のわからない単語の語源に関して，話し手が語源学に基づかないで自分のなじみのある語形に置き換えてしまったために語形が本来の語源とは関係ない形に変えられてしまうことである。結果として生じた語句は形と意味のわかりやすい語形になる。外国語からの借用語に多いが，英語本来語にも生じる現象である。

英語の cutlet（日本語のカツレツ）は，フランス語の côtelette（<古フランス語 costelette ← coste（＝rib，骨つきのあばら肉）＋ -let（＝指小辞））であったが，cut（切る）＋ -let（＝small cut of meat）と解された民間語源。

よくあげられる例に asparagus（アスパラガス）がある。学識者は asparagus がラテン語に由来する外来語であることを知っていたが，一般庶民にとってはその語形から「食べられる野菜」を連想するのが難しかった。そこで，自分たちに身近な語と関連づけた語源を考え出した。語頭の a は不定冠詞と判断して語形から切り離された。前半の要素は俗語で sparra と発音される sparrow（すずめ）に読み替えられた。後半の gus は丁寧に発音した場合の grass に似ている。しかも，水田ではなく畑作農業の盛んな西洋には後半に -grass を持つ語は他にも多いので置き換えられた。[1] こうして sparrowgrass という語形ができあがった。[2]

もう 2 例あげる。[3] 海に生息するエビの一種を意味する古フランス語に (e)crevice という語があった。現代フランス語の écrevisse（ザリガニ）である。(e)crevice は 15 世紀に英語に借用されたとき，語形と意味との関連がわからず語末の -vice [vís] が fish に連想された。[4] このために，16 世紀までには crayfish（ザリガニ）という一見英語風の語形 に変化し，以来ずっとこの語形を保っている。語源上，この語は fish（魚）とはなんの関係もない。語形の意味はよくわからないが，支配階級となったフランス人好みの食材であり無視するわけにはいかない。そこで同じ海産物である

[1] 後半に -grass を持つ語は収録語彙数 14 万語の『プログレッシブ英語逆引き辞典』小学館，2006（コンパクト版）には 138 語ある。ただし，普通の日本人にはなじみのない語が多い。

[2] J. K. Greenough & G. L. Kittredge, *Words and their Ways in English Speech,* p. 334.

[3] 三輪ほか（訳）『英語史でわかるイギリスの地名』pp. 184f.。

[4] 南部英語では /f/ が /v/ に変わることがある。例：vixen “a she-fox”。

魚との連想が作用し，語頭の cre-（語頭の e- は弱勢のため脱落。あるいは不定冠詞 a と異分析されて切り離された）を英語風に変化させた cray を魚といっそうはっきり関係づけるために crayfish という語形が使われるようになった民間語源である。cray- も -fish も英語の音形と語形の規則に巧みに適合させた卓抜な新語形成である。

方言に screwmatics という語がある。「この語が rheumatics（リューマチ）という語形とは違っていても screwmatics という語はまさしくこの病気を表現している。なぜなら，screwmatics はこの病気で感じられる痛みをそっくりそのままあらわしているから。」という共感を得て広くゆきわたる。民間語源は，その言語を使う人々によって，語形と意味がしっくりこない語を自分たちになじみのある意味を持たせようとする根強い性癖によって，もとの語形を取りかえてしまうことである。asparagus → sparrow-grass，rheumatics → screwmatics はその典型的な例である。

民間語源は規範となる発音も語形も無視して話者の心理として表現したい語形をそのまま伝える。[5] 外来語の誤解から生じた場合も多い。今ではれっきとした標準語と思われている語も多い。edit < editor，beg < beggar（以上 2 例，動作主名詞から動詞への逆成），pet < petty < F petit(?)，greed < greedy（以上 2 例，形容詞から名詞への逆成），difficult < difficulty（名詞形から形容詞への逆成），

---

[5] この点では，マラピロピズム（malapropism）に通じる。cf. 三輪「シェイクスピアとシェリダンのマラピロピズム」（『英語の語彙史』第 11 章）。「かめなし；葦（あし）；梨（なし）」を縁起が悪いとして「亀有；よし；あり，有（あり）の実」に変えたのもこのたぐいといえよう。

sirloin < (O)F surlonge（サーロイン；本来語の敬称語 sir とは無関係），farmer < F fermer（本来語 farm + -er とは無関係），female < F femelle（male との連想），salt-celler < F -saler（本来語 salt とは無関係；以下は，日本語。ペットボトル（PET [pi:i:ti:] bottle, a plastic bottle < **p**olyethylene **t**erephthalate［ポリエチレン・テレフタレイト］の頭文字語を動物のペットと誤解）；アベノミックス［アベ＋の＋ミクス＝Abe-no-mics の -mics を -mix と誤解］，キー・プレフト［＝keep + left をもっとも身近なクルマの key をまず連想した異分析。その結果，プレフトの解釈ができなくなった例］，セミプロ［児童語。「蝉を上手に捕らえる子」：英語を知らない児童が日本語になったセミプロ（semi-professional）のセミを「蝉」にあてた］）。「（歓迎会で）大いにワイ談しましょう。」（新任の女性教師。「猥談」を「わいわい談義」の略語と誤解）；ステンショ［明治期：station＝ステーションと消防署，警察署，役所との類推］；ラーメン橋，子供「ラーメン用の箸？」：橋梁の一種でドイツ語の Rahmen「枠，額縁」（橋の主桁と橋脚が一体化した構造で食品のラーメンとは無関係）。

イギリスではどんなに狭く，短くてもおよそ人の歩ける道にはすべて名前がつけられている。「この先行きどまり・袋小路」であれば英語本来語の「Close」を用いて入り口にかならず明示されている。その「Close」を借用語のフランス語そのままに「cul de sac [kúldəsæk, kʌldi-]（＝袋の底 “bottom of a sack”）」と呼ぶこともある。発音と意味の連想から英語化して「coal sack（石炭袋）」といわれることもある。この例もフランス語の形態と意味とは無関係な語形と意味でありながら英語の音形，語形の規則に従った巧みな操作を経て造語された民間語源。民間語源は活字として記録されないことが多く，英語史の文献に残らない場合が多い。

2. 国内での民間語源説の扱い

日本の英語学，英文法の専門辞典の folk etymology，popular etymology の項をみると「科学的な根拠によるのではないので正しくない」という記述がみられる。

(1) **Folk-etymology**（通俗語源（説））... 非科学的な，言語史を無視した当て推量の語源説。たとえば，devil を do-evil; needle を ne-idle（=not or never idle）とするがごときものや，また親しみの薄い語を勝手にそれを説明するような語と関係づける過程，すなわちその語源的意義がわかるように語形を歪曲することをいう。asparagus を sparrow-grass とするようなものである。

（『英語学辞典』研究社，1940，下線筆者）

という説明がなされ，21 世紀に入ってから出版された専門辞典でも，

(2) **folk-etymology** ≪（民間語源（説））」未知の語源のわかりにくい語を別のよく知られた，音のよく似ている語に置き換えて意味づけること。例えば，asparagus の a を不定冠詞と思い違いして生じた sparrow-grass など ...。通俗語源【ママ＝「民間語源」の誤記？】は正しくないが，その成立の過程・背後に生活習慣や社会慣習などが窺わ

れて興味深いことがある。

（『英語学用語辞典』研究社，2002，下線筆者）

と定義されて学問的には正しくないという評価である。しかし，言語の変化は「正しい」現象だけが研究の対象になるのか。「正しくない」あるいは「科学的な根拠によるのではない」という区別が言語の研究に有効なのか。民間語源のほかに，言語の歴史にみられる類似する現象，たとえば，「類推（analogy）」，「牽引（attraction）」，[6]「異分析（metanalysis）」，[7]「逆成（back formation）」[8] といった現象は「正しい」のであろうか。専門辞典に見られるこの記述には納得できない点がある。まず，第一に「科学的」という訳語である。英語の science という語にはドイツ語の Wissenschaft と同じく「科学，特に自然科学」と同時に「学問，専門分野」という意味がある。言語学は自然科学とは違うので「学問，専門分野」が適切であろう。第二に，「民間語源」とよく似た現象である「牽引」，「異分析」，「逆成」といった「類推」は「民間語源」と同類の現象であるが，他の言語学用語と同等の扱いで学術用語として掲載されている。これらの現象は学問的に「正しい」のであろうか。「正しい言語変化」と「正しくない言語変化」とはどのように区別されるのか。

---

[6] 前後の文脈に引き寄せられた間違い。例：*Who* are you looking for?← *whom*（主語の位置という語順による間違い。）

[7] *an apron* ←中期英語 *a napron* ←古フランス語 *napperon*（napkin）（語頭の n- を冠詞 an の一部とあやまって分析した。

[8] 単数形 pease を複数形と間違って分析し（数異分析），新しい単数形 pea を造語し，改めて新たな複数形 peas を造語した。

3. 民間語源説の誕生

イギリスではスウィート（Henry Sweet）が規範文法を脱して初めて真に学術的文法の確立を宣言したことは周知の事実である。[9] 日本で最初の学術的文法観に基づく研究とされているのが市河三喜著『英文法研究』（大正元年，1912）であることは日本英語学史上の常識である。その「序」に次の一文があり，市河三喜の影響を受けた研究者たちは肝に銘じていたはずである。市河三喜著『英文法研究』の初版初刷から引用する。

(3) 要は唯文法を以て單に英語を正しく話したり書いたりする術であるとか，或は文法の教ふる規則は絶對なもので，之に違反する言ひ方は不正であるとかいふ様な見方を避けて，英語に於ける様々な現象を総て其儘言語上の事實として受け容れ，之を公平に觀察し，如何にして斯ういふ言ひ方が生じたかを，或は歴史的に上代に遡って，或いは他の國語との比較研究により，或は心理学的の立場からして，不完全ながらも説明を試みて見度いと云うのが本書の趣旨である。一言にして云えば「英語の言語学的研究である。」

（市河三喜著『英文法研究』序文，語学研究社，1912）

この主張を英語学研究の根本的な視点として認めるならば，民間

---

[9] スウィートの「*New Eng. Gr.* はイギリス人の手になる最初の科学的英文典」『英語学人名辞典』(1995)。

語源が「科学的な根拠によらないので正しくない」という理由で研究の対象としないのは妥当な見解とはいえない。民間語源も話者の要求に応じた，れっきとした創造的な新語形成法と認識されるべきである。

4.　民間語源説の歴史

『英語学辞典』（1940）にみられる民間語源に関する記述は，記述内容，出版年からして，J. K. Greenough & G. L. Kittredge, *Words and their Ways in English Speech*（1920, Ch. XXIII）と E. Weekly, *The Romance of Words*（1912）に依拠している。『新英文法辞典』（1959，三省堂）の改訂増補版（1970）における folk-etymology の説明は初版とまったく同じ。『現代英文法辞典』（1992，三省堂）には，Greenough & Kittredge には記載がなく 1969 年に復刻されたパーマー（A. S. Palmer, *Folk Etymology*, 1890）だけに記載されている語が記載されている（carryall <F cariole, female <F femelle など）。したがって，パーマーも参照したものと思われる。

取りあげた国内の辞典はすべて sparrowgrass（<asparagus），devil（< do + evil），needle（ne + idle）の 3 例をあげ，例語も少ないのできわめて特殊な現象のような印象を与える。しかし，A. S. Palmer の *Folk Etymology*（1890, rep. 1969）には Introduction を含めて，692 頁にわたっておよそ 5 万語の民間語源が，出典を明示し，説明し，分類し，克明にしかも網羅的に収録されている。一方，devil（< do + evil），needle（ne + idle）の 2 語は

『英語学辞典』(1940) 以降の国内の辞典すべてに記載されていて民間語源の見本のような印象を与えるが Palmer はじめ手元の英米の文献にまったく記載がないので『英語学辞典』の執筆者 (あるいは編者) の創作ではないかと思われる。

5. 誤解の由来

民間語源が「非科学的な，言語史を無視した当て推量の語源説」と認識されてきたのには Greenough & Kittredge の第 13 章冒頭の二文と大いに関係がある。

(4) Systematic etymology is a high mystery, requiring of its initiates long and painful preparation, and cultivated by its adepts at the price of eternal vigiglance. (p. 330)

(5) Thus every speaker of any language is to some extent his own etylologist. Children, even, have their theories of etymological relations. (p. 331)

(大意：1 学問分野としての体系的な語源学は奥深い専門分野といえよう。熟練を要し，初心者には長く，苦労に満ちた勉強が必要であり，飽くなき注意深さをもって達せられる至芸による訓練が要請される。これに反し，民間語源説は厳密な語源学とは無縁で，だれでも自由な発想で自分たちに身近な語形にかえてしまう。子供が関わる場合もある。）[10]

『英語学辞典』の執筆者は Greenough & Kittredge のこのような記述を深読みしたのであろう。「長い修練を要し，厳密な学問的語源学に比べると，民間語源は，語源の知識のない一般庶民が勝手気ままに思いついて作る。子供でも考え出すことができる。」したがって，「非学問的で正しくない」と理解した。

しかし，Greenough & Kittredge は英語の folk-etymology という術語に関して以下のような注釈も残している。

(6) An adaptation of the German *Volkseetymologie*. ‘Popular etylmology’ is an attempt to translate the same word. In fact, our language is somewhat at a loss for a graceful and convenient term under which to classify the phenomena. (Greenough & Kittredge, p. 331, 脚注)

ここには Greenough & Kittredge の，民間語源をもっと大切にしなければならないという思いが込められている。

引用 (7) では，非難されているのはむしろ，衒学者（げんがくしゃ）たちの生半可な知識のひけらかしである。そのために語形が人為的に「歪曲された」というのである。

(7) But changes in spelling come oftener from scholars

[10] 上記「セミプロ」。童謡「もみじ」の一節「秋の夕日に／照る山もみじ／濃いも薄いも／数ある中に …」の「濃いも薄いも」はさまざまに解釈されている：「鯉もウグイも／小芋うす芋」。「湖畔の宿」→「ご飯の宿」は1児童の解釈。「まわるまわるよ時代はまわる→「まわるまわる4時代はまわる」中島みゆき『時代』。

> than from the people, and the learned have done their part in distinguishing English words.
>
> (Greenough & Kittredge, p. 332)

たとえば，rhyme という語は古期英語では，rīm であり，現代英語では rime, ryme となるはずであった。ところが，学者たちが語源のギリシャ語 rhythmos にもどすように主張したために現在の不合理な rhyme が生じた。また，perfect（ME parfit）はラテン語 perfectus を直接借用したのではなく古フランス語 parfit，parfet の借用であったが 16 世紀に学者たちがラテン語にはあった -c- を復活させたのが現在の perfect である。doubt, debt の -b- も近代英語期に，ギリシャ，ラテンの語源にもどそうとする古典学者の主張で復活したが発音は復活しなかった（ME doute < OF douter < L dubitāre; ME det(t)e < OF dette < L *dēbi- ）。民間語源よりも，むしろ，衒学者による rhyme，perfect，doubt，debt のほうが英語史の自然の流れを「歪曲した」といえるのではないか。[11]

学者はギリシャ，ラテンの古典語時代の形態にもどそうとするが，民間語源の場合，庶民は古典語の知識がなく，語源のわからない語，なじみのない発音を持つ語を元来の語源の形に関係なく自分たちの身近な語形に変えて，発音を容易にし，新しい意味を生みだして発音と意味との連想を容易にしてしまうのが特徴であ

---

[11] シェイクスピアは衒学者ホロファニーズを揶揄している。*Love's Labour's Lost*, 5.1.16-25。三輪「シェイクスピアにみる外来語定着の 1 類型」『英語青年』2007, 11。『英語の辞書史と語彙史』（2011，第 10 章）に再録。

る。asparagus はその一例である。英語の island は古期英語では ī-land (< ī- “watery” + land)，中期英語以降 iland であったが 15 世紀頃から i- が語源上関係のない ile “isle” と連想されて現在の形になった。īsl(l)e も中期英語の ille がラテン語 insulam の影響で 15 世紀中頃に -s- が付加されて特にスペンサー（E. Spenser，1552?-99）以降定着した。

一方，フランス語史では，民間語源を類推一般，借用一般と区別しないようである。たとえば，英語から借用された riding-coat はフランス語の母音と子音の音韻規則の適用を受けて redingote [r(ə)dẽgɔt]「フロックコート」になった。英語の ri- [rai-] をフランス語でよく使われる re- [r(ə)-] に変更し，強勢はフランス語の通常の位置である最後の節におかれ，さらに語末には黙字の -e が付加されて女性名詞にするという手直しがされている。フランス語の smoking [smɔ-kiŋ] は「一揃いの略正装としてのタキシード; 英語の smoking-jacket=喫煙用，室内用の洋服」に由来する。英語の tunnnel「トンネル」は [tyneɛl] となった。[12] bifteck「ビフテキ」は 18 世紀以降イギリスで大流行した beefsteak の借用だが英語の beef はフランス語の bœf からの借用であり，bif- は英語からフランス語への逆輸入。

民間語源は，語形とその意味との関連が不透明な場合，自分が肌で感じていることを最大限的確に表現したいという心理的要因が，既成の文法，音声，形態に優先する場合があることを証明し

[12] いずれもフランス語の音声・文法・正書法の法則に同化されている。ミッテラン（H. Mitterand），『フランス語の語彙』白水社，1984，pp. 26, 29。

ている。言語現象は生理的な音声から心理的な意味までをわけへだてなく包括的に，均等に考慮に入れるべきである，ということを記憶にとどめておくべきである。

最後に，筆者の結論を代弁する文章を引用する。

(8) 「民間語源」という呼び方にも十分反映されているように，言語学者はその種の言語現象は庶民や幼児や子供や詩人などに見られる「周縁的」な性質のものにすぎないと見做す。ところが，... 文化の「周縁部」こそ新しい創造の始まる部分である。... 文化の「中心部」において認められるのはもっぱら人間の「規則に支配された創造性」である。それに対し，文化の「周縁部」においてはそれよりももっと本質的な意味での人間の「創造性」である「規則を変える創造性」の働きが見られるのである。後者に注目することによって「言語」の本質についての有益な洞察がえられるはずであるが，言語学者はどちらかというとそのような発想は敬遠する（池上嘉彦『詩学と文化記号論』1983，筑摩書房，p. 226)。[13]

シェイクスピアに以下の一文がある。

(9) …this is my begotten father, who, being more than sand-blind, high-gravel blind, knows me not:

(*Merchant of Venice*, II.II.37–9，下線筆者)

---

[13] 池上嘉彦『ことばの詩学』(1982，岩波書店)，『ふしぎなことばことばのふしぎ』(1987，筑摩書房）も参照。

（こりゃあおれが生んでやったおやじだ。ところが，おやじ殿，かすみ目を通りこして，ひどいじゃり目ときているもんでおれがわからないんだ）

stone-blind（「全盲の」: 初出 *c*1375）からの類推（stone → sand）で sand-blind（「半盲の」: 初出?*c*1475）が作られ，さらにシェイクスピアは英語史上唯一例となる high-gravel-blind "more than sand-blind" を創出した。なお，sand-blind は sam-blind（中期英語< sam: SEMI- "half" + blind）からの民間語源。

第5章　英語の人称代名詞の変遷[1]

1.　英語の人称代名詞の歴史

英語の人称代名詞の変遷を例にとってみる。古期英語の人称代名詞の体系をわかりやすく現代英語で表し，現代英語の体系と比較してみる。

(1)　古期英語の人称代名詞

	単数			複数		
1人称	I[2]	my	me	we	our	us
2人称	**thou**	**thy**	**thee**	**ye**	your	you
3人称男性	he	his	him	**hie**	**hira**	**heom**
中性	(h)it	**his**	(h)it			
女性	**heo**	hire	hire			

[1] cf. 松本克己『世界言語の人称代名詞とその系譜』三省堂，2010。

[2] 1人称単数のIだけが大文字なのは形態が小さいので見やすくするための

これに対応する現代英語の人称代名詞の体系は以下のようである。

(2)　現代英語の人称代名詞

	単数			複数		
1人称	I	my	me	we	our	us
2人称	**you**	**your**	**you**	**you**	your	you
3人称	he	his	him	**they**	**their**	**them**
	it	**its**	it			
	she	her	her			

古期英語期から現代英語までの人称代名詞の変化のうち，太字の部分が変化している。しかし，細部は別にして，体系そのものはなんらの変化もうけていない。変化したのは英語の人称代名詞の体系を構成するうちのいくつかの語である。では，なぜ特定の語だけが変化しなければならなかったのか。

2.　二人称単数の thou，thy，thee の変遷

二人称単数の thou，thy，thee の場合はどうか。単数と複数の区別を重んじる英語という言語にあって，二人称代名詞の，単数と複数の区別は非常に重要なはずである。しかし，二人称の単数・複数の区別を維持することをあきらめてまで thou—thy—

印刷上の工夫とされている。

thee を廃用にした原因はなにか。それは，thou—thy—thee の語頭の有声音 th- [ð-] が二人称には不適当だからである。英語にあって，語頭に有声音 th- [ð-] が現れる環境を調べてみればすぐにわかる事実がある。語頭の有声音 th- [ð-] は，「三人称に相当する指示詞（語中では比較対象の意義）」を持っている。[3] たとえば，the，this，that，these，those，there，then，thence などは，同じ th- という綴りでありながら無声音の th- [θ] とは明らかに違う性質をもっている。たとえば，theater，theology，thesis，theory，Athens，therapy，method，catholic，sympathy，orthography といった外来語も，thank，thick，thing，thumb，thin，health，path，bath，youth，oath，moth といった本来語も「三人称に相当する指示詞」の意味とはまったく関係がない。つまり，英語の有声音 th- [ð-] は，「三人称に相当する指示」という特定の意味を持っているので，二人称には不都合なのである。th- [ð-] の比較対象の意義は father，mother，brother; rather，further にみられる。

3. 二人称複数主格の ye と you の交替

二人称複数主格の ye は you に取って代わられた。この交代劇は書記法に原因がある。

---

[3] このような見解は，音と意味との恣意性（有契性・無契性），さらには言語の起源と本質に関する重要な示唆である。Cf. B. L. ウォーフ『言語・思考・現実』p. 45，池上嘉彦訳，講談社。ヤコブソン『音と意味に関する六章』p. 153。綴り字の th については，橋本功『英語史入門』pp. 100f. が有用。

現代英語では，綴り字 th は，three，brother などに現れる単音 [θ]，[ð] を写す二重字である。古期英語 þrēo，þrīe “three”，brōþor “brother”。þ は，ルーン文字に由来し，thorn というなじみの語の語頭音として現れるので [θɔːn] と呼ばれた。[4] D の縦棒を上下にのばした形から作られた。この記号は 1400 年頃からは使われなくなり，ついには th に取って代わられたが 15 世紀期末までは生きのびた。この þ はくずして書くと y のように見えるので後には y と混同され，the，that，thou の代わりにそれぞれ $\overset{e}{y}$，y^{e}，$\overset{t}{y}$，y^{t} および $\overset{u}{y}$，y^{u} と書かれた。15～16 世紀の印刷所ではこの活字を 1 行の字数を調整するために活用した。シェイクスピアをはじめ 17～18 世紀の写本には広く用いられ，手紙などでは 19 世紀まで用いられた。[5] シェイクスピアのフォリオ版には以下の例がみられる。いずれも行の余白不足のための縮約形である。

$\overset{e}{y}$ = *Richard* Ⅱ, F1, p. 361（右の欄），p. 362（右の欄），p. 363（右の欄），$\overset{t}{y}$ = *John*, F1, p. 343（右の欄）

$\overset{u}{y}$ = *Richard* Ⅱ, F1, p. 365（右の欄）, *Henry* Ⅳ, p. 373（右の欄）

(*First Folio*, Norton Facsimile；フランツ『シェークスピアの英語』p. 33)

シェイクスピアの墓碑銘にも擬古体の例が見られる。$\overset{E}{Y}$ と $\overset{T}{Y}$ を含む 3 行目と 4 行目を転写する。

---

[4] æ が [æʃ] と呼ばれるのもよく使われるなじみの語 ash との連想。

[5] 安井稔『音声と綴り字』p. 5。

(3) BLESE BE $\overset{E}{Y}$【=the】 MAN $\overset{T}{Y}$【=that】
SPARES THES[6] STONES,
AND CVRST BE HE $\overset{T}{Y}$【=that】MOVES MY
BONES.
(さいわいなるかな，この石に手を触れぬ者，わが骨を動かす者
にのろいあれ。)

今日でも擬古的に店やパブの看板に見られる。[7]

(4) Y^e Olde Cheshire Cheese［1538 年頃築，1667 年再
建］
Y^e Olde Bell［パブ：1135 年築］,
Y^e Olde Fighting Cocks［パブ：元祖は 8 世紀。イン
グランド最古］

$\overset{e}{y}$，y^e と書かれた複数の二人称代名詞主格の ye と，that，the の代わりにそれぞれ $\overset{t}{y}$，y^t，$\overset{e}{y}$，y^e と書かれた that，the とは代名詞と指示詞であり当然似たような文脈で用いられて混同され混乱も招いたと思われる。この混乱を避けたい心理から二人称代名詞 ye は，名詞と代名詞の主格と目的格を同じ形にするという英語史全体の傾向も手伝って，you に取って代わられた。この交替は，口語の発音と書記法上の混乱を避けたいという心理的な要因が作用した変化である。

---

[6] 原文では TH は合字になっている。
[7] 森護『イギリス：パブの看板物語』pp. 66, 74, 110。

4. 三人称単数女性形の she の起源

三人称単数女性形の she はどのようにして生まれたのか。

従来の英語史の研究では，たとえば she の起源・語源はなにか，あるいは，heo から she に変化したのは何年か，その過程はどのようであったのか，といった問いかたがなされてきた。その答えは大体以下の四つある。

(5)

1. she の起源は古スカンディナヴィア語の sja。
2. 古期英語の指示代名詞 sēo。
3. was hēo（= “was she”）という構文から was の -s と hēo の語頭の hē- が間違って結合した異分析の例。ただし，この説には証拠がない。
4. hēo から she への発音の変化（日本語でも，s は h と交替する。例えば，「おとうさん；おかあさん；すみません；そうやねえ」は「おとうはん；おかあはん；すんまへん；ほやねえ」）。

そして，変化の過程に関する証拠の提示と理論づけがなされてきた。残された文献証拠から，しかじかの変化はいつごろ発生してどのような変化過程を経たか，という説明の仕方である。

しかし，問題なのは，古期英語の人称代名詞の体系全体を考慮に入れて，なぜ特定の語だけに変化が生じたのか，その原因こそ問われなければならない。たとえば，なぜ hēo から she へと変化しなければならなかったのかということこそまず最初に問われなければならない。答えは，日常生活に頻繁に用いられる英語の人称代名詞という体系の中にある。すべて三人称という同じ文脈に現れる単数女性の hēo は男性単数の he，複数の hie という他の語と語頭音が同じで日常の口語に混同が生じて非常に不都合であったからである。しかも，3 語ともに 1 音節語であり，特に口語では，発音と聴取に不便であった。結果として，語頭に h- という同じ音声を持つ単数男性 he，単数女性 hēo，複数 hīe という三つの主格形は日常生活の口語では区別がつきにくく混同して不都合であったので，女性形 hēo と複数形 hīe が，それぞれ she, they に変化させられた。

5.　中性の単数 it の所有格 its の誕生

中性の単数 it の所有格 its の場合はどうか。文法上の約束と自然界の現実とがまったく別のカテゴリーであると認識されていた古い時代には問題にはならなかったが，近代になって，文法上の性（gender）と自然界の性（sex）とを一致させようという意識が生じると，男性単数の所有格と中性単数の所有格が同じ his では区別ができず，混同し，不都合になった。したがって，中性の所有格は，主格 it と目的格 it とに形態に整合性を持たせ，さらに名詞の所有格（例：John's），代名詞の所有格語尾（his，独立所有格の hers，yours，theirs，ours）として用いられる -s をつけて，its を生み出した。この変化は，ひとつの体系の中では，個々の要素は互いに否定しあい，示差的，排他的でなければならないのに，異なる機能を持つ要素が同じ形になったために生じた不都合を解決するためにもたらされた変化である。

この変化で注目すべき点は，音声とはまったく関係なく，純粋に心理的な要因で生じた変化であるということである。it—*his*—it という不規則な活用形を it—*its*—it という理想的なまでに規則的な活用形に変化させたのは音声変化ではなく心理の深層に潜在する「均整のとれた規則的な体系を希求する言語の特質」である。

6.　三人称複数形すべての交替

三人称複数の場合はどうか。hie，hira，heom は，単数形との混同が生じて不都合になったために変化を受けた。代名詞というのは言語の基本的な語彙であるから普通は簡単には変化しないものであるが，この場合は，外国語のスカンジナビア語から借用してまで変化してしまった。外来語ではあるが，英語の「三人称に相当する指示詞」の音形態 [ð-] を持っていた they，their，them が採用されたことに意義がある。英語の代名詞の中にあって，ほかの語との混同を避け，示差機能を維持するための変化であるが，「三人称に相当する指示詞」の意味を持つ語頭の有声音 th-[ð-] を活用することになり，英語にとっては望ましい結果となった。

7.　結論

結局，すべてが 1 音節の非常に短い語形の人称代名詞を驚異的ともいえる卓抜な操作をしてきわめて整合性のある体系を作り上げた英語という言語の創造力は卓抜である。また，本章でなされた説明は，従来の英語史研究にはなかった視点である。

英語の人称代名詞は，古期英語の頃から現代英語に至るまで，性，数，格の区別を保持しており基本的には変化していない。その中にあって，上に述べた交替だけが生じたが，それぞれの変化は人称代名詞の体系全体の中の事情を考慮すれば変化に至った要因は解明される。体系自体は変化せず，体系内の各要素間の張り合い関係，すなわち，たがいに否定しあい，対立しあわねばならないという，体系内の要素に課せられた宿命（示差的特徴）という視点から説明が可能なのである。図で示してみる。

図（1） 英語の人称代名詞の体系の変化

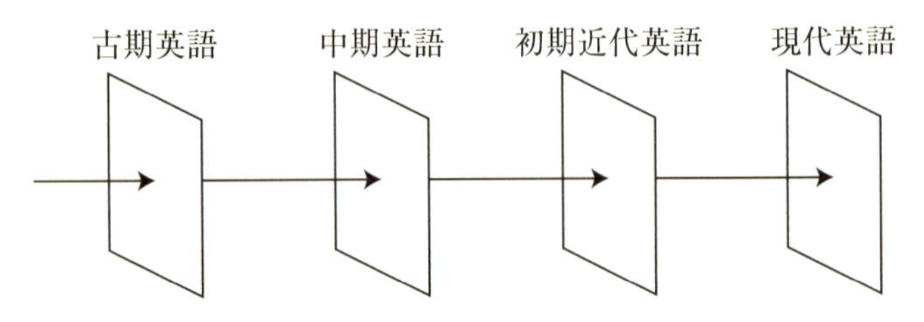

（三輪『ソシュールとサピアの言語思想』p. 73）

このように，言語学の立場からは，まず時代ごとの共時的体系を構築し，次に体系と体系との相違点・類似点を比較考察するという観点から考察された言語変化研究は，個々の要素の変化の過程を個別に追究した従来の言語史観とはまったく異なったものである。いわば，「点（一要素）」と「線（一要素の時間的推移）」の追究から，「面」から「面」への変化に視点を変えたといえる。

ただし，上図をあまり単純に図式どおりに理解するのではなく，たとえば，古期英語における体系内の要素間には，中世英語に向けての変化の兆候があることに注意しなければならない。各時代における体系内には次の時代への胎動が始まっているのである。共時的体系は研究の必要上安定している状態を前提とするが「静的な体系」の内に，言語の普遍的な性質として，いかなる時代の共時的な体系も「常に次の時代への力動的な要因」を抱えているのである。その際，言語学を音声学，文法（形態と統語法），意味論だけという限られた領域にとどまらず，文体論，外来語，書記法，文化史，言語の背景に潜在する心理作用などさまざまな要因を考慮に入れる必要がある。

第6章　シェイクスピアにみる統語法

普通，一般言語学では，音，形態と意味を論じるが統語法を本格的に論じることはない。しかし，英語史では統語法も重要視されているので本章では，シェイクスピアの英語における統語法の問題を一例とりあげてみる。

1.　シェイクスピアの who と which

現代英語では，who は「人」を先行詞とするが which は「もの」を先行詞とするのが原則である。ところが，シェイクスピアの英語ではその区別が確立していないような印象を与える。たとえば，『ベニスの商人』の次の一節。

(1)　The first of gold, who this inscription beares, ... The second silver, which this promise carries, ...

(*Merchant of Venice*, II.vii.4-7)

Riverside 版の注釈では,

(2) 4. who] sometimes used for "which" with no idea of personification; euphony sufficiently explains the change to *which* in l.6.

と記して，who に「擬人化」の気配はないとする。他方，2 行下の,

(3) The second silver, which this promise carries,

については，アボットに従って，「快音調（euphony）で十分説明できる」としているが，首尾一貫した説明とはいえない。

国内では，次のような説明もある。

(4) 古くは PE に見られるような，先行詞の性質による who と which の使い分けは存在していなかった。Sh【シェイクスピア】の時代にもこの用法はまだ確立していない。物に who を，人に which を用いた例は Sh にも少なくない。

This first, of gold [=this first casket] , who this inscription bears, MV2.07.4

(次のような銘が刻んである金のこの最初の小箱)

(荒木一雄・中尾祐治『シェイクスピアの発音と文法』p. 139)

この注釈では，who の先行詞を物質名詞 this first casket と注釈

している。すなわち擬人化の可能性を否定している。casket が先行詞と断定してしまうと関係詞は who の可能性がなくなる。who は間違いということになる。しかし，金属の中でももっとも人の心を魅了してやまない魔力を持つ gold は擬人化が可能であり，関係詞には who をとることができる。

2.　ポープ（A. Pope）によるシェイクスピアの英語

シェイクスピアから 100 年後にポープ（A. Pope）は『シェイクスピア全集』（1723-5）を編纂した際に，「（大学にいっていない）シェイクスピアの英語には多くの間違いがある」として手を加えて「訂正」した。シェイクスピアの who と which の区別にも手を加えて「訂正」した。ところが，ポープの訂正は首尾一貫していない。シェイクスピアの英語における who と which とポープの訂正した who と which とを比べてみると，実は，シェイクスピアは「who は人を先行詞とするが which はものを先行詞とする」という現代英語の原則はもちろん，現代英語の who と which の区別に関する規則全般に従っている。むしろ，ポープの訂正のほうが首尾一貫していないのでポープは（もしまっとうな語感があれば）シェイクスピアの関係詞 who と which を「訂正」している途中で「はて，どうしたものか」としばしば困ったのではないかと思われる。

筆者は，シェイクスピアの関係詞 who と which の用法とポープの訂正に関して逐一検討してシェイクスピアのほうが正しく，ポープの訂正のほうが首尾一貫していないことを明らかにしたが，上で取りあげた例は諸注釈でも未解決なのでこの場を借りて簡単に説明する。[1]

(5) The first of gold, who this inscription beares, ...
The second silver, which this promise carries, ...
(*Merchant of Venice*, II.vii.4-7)

この場合 who の先行詞が金属の gold となっており，既成の英文法では選択制限の規則に違反していることになる。アボットは「音調の弱勢，強勢の違いで使い分けたのではないか」(Abbott, *A Shakespearian Gr.*, §264) と述べているが説得力はない。[2] フランツ（斎藤静ほか訳『シェークスピアの英語』§335)，大塚高信（『シェイクスピアの文法』p. 62）も曖昧である。既成の文法規則にとらわれるとシェイクスピアの人情の機微に関する意図，あるいは世間一般の庶民の常識的な感覚がわからなくなる。

「金属の中でも gold は時としてそれを持った人の心を大きく動かすことがある」ということは一般社会においては周知の事実である。たとえば，「思いがけず gold（＝大金）を手に入れた人は心根が卑しくなる」という思いは世間の誰でもが共通に持ってい

[1]「シェイクスピアの who と which―シェイクスピアとポープ―」，三輪『シェイクスピアの文法と語彙』第４章。

[2] この場合の「快音声（euphony)」とはどういうことなのか不明瞭。一方，ヤコブソン (R. Jakobson) の著書 *Six leçons /sur le son /et le sens* の場合，その記号論を意図した「原題の魅惑に満ちた [l, s, n の] 音効果」(「訳者あとがき」p. 164）は表紙ととびらをひと目見れば明らかである。ヤコブソンも訳者も書名に込められた意図がわかりやすいように表紙ととびらをデザインしている。R. ヤコブソン『音と意味に関する六章』花輪光訳，1977，みすず書房「訳者あとがき」p. 164。

る。実際，数々の文学作品，演劇における事件の要因となっている。このことから，「gold には人を動かす魔力を持つ，つまり，擬人化が可能なので who は正しい」とみなすことができる。そのように考えることによって，who に対応する動詞が通常「人(生物)」を主語に選択する bear と対応していることも説明できる。The second silver, which this promise carries, ... の場合，silver には gold ほどヒトの心を動かす魔力はない。その違いが，先行詞に who をとる gold と which をとる silver との違いとなってあらわれているのである。

3. 結論

このようにシェイクスピアは近代英語における関係詞 who と which の区別に関する規則が，原則と例外に関して確立されつつあることを認識していた。そして，シェイクスピアは人情の機微にも精通していた。ポープはシェイクスピアの英語の近代性気づかず，保守的な文法にこだわった。さらに，学者でもあり世知にうといポープは，庶民感情の機微を理解することはなかった。したがって，シェイクスピアのほうが 100 年も前に，近代英語の新しい文法が確立されつつあったことに気づいており，旧弊なポープは古い規範文法の規則のままにシェイクスピアの英語を律しようとして混乱を招いている。ここにふたりの詩人としての資質の差をみることができる。

第7章　「窓」から見える異文化

最近，英語の学習にも異文化理解が強く意識されるようになり，英和辞典にも日英の文化の違いに関する記事が掲載されるようになったのは歓迎すべきことである。しかし，異文化理解としては不十分と感じることがある。

dog は「犬」と訳される。が，英語の dog は日本語の「犬」とは違う。イギリス人は犬を友達，家族の一員とみなす。[1] したがって，犬が人に向かって吠えないようにしつけられている。人間と同じ待遇で列車に乗り，一人前の席を占めていても周囲の客は違和感を抱かない。車掌も犬の頭をなでてゆく。家族でドライブに出かけるときは犬もつれてゆく。たとえ犬がクルマ嫌いでもつれてゆく。犬は家族の一員だからどうしてもつれてゆく。文化

[1] "dog. 1.n. ..., noted for servicesableness to man in hunting, shepherding, guarding, & companionship, ..." *Pocket Oxford Dictionary of Current English*, 1926, dog.（下線筆者）

が要請するからである。これに反し，日本人は伝統的に犬を番犬とみなす。従って，見知らぬ人に尻尾を振っているようでは飼い犬として失格である（最近の外来種のペットは別）。

日本語では，着物は**着る**，ズボン・靴下・靴・（刀＝御佩刀，帯刀［たてわき］＝太刀をはく）は**はく**，帽子・かつらは**かぶる**，メガネは**かける**，髭は**生やす**（**たくわえる**），ネクタイ・ベルトは**しめる**，など身に着けるものによって動詞を区別する。英語では，衣服，装飾品，靴，つけまつげ，傷にいたるまでおよそ身につけるものはすべて wear 一語で表現する。表情までも wear を使う（wear a frown＝むずかしい顔をしている）。英語では wear 一語で表現するところを，日本語では複数の動詞を用いて表現する。

逆に，英語では，基本的に，液体は drink，固形物は swallow,[2] 薬は take，息は hold one's breath と口にするものによって動詞を区別するが，日本語では「のむ」ものはなんでも一語で表現できる。飲み物はもちろん，煙はおろか（タバコをのむ），人までのんでしまう（相手を呑んでかかる）。ドスくらいはのんでしまう（「合口（あいくち）をのんでいるのかと思った」）。基本的な単語で，日英語に共通と感じられるが用法が異なる例である。

大きい英和辞典でも window の訳語として無条件に「窓」を与えているだけである。「窓」という訳語だけで英語の window を理解したことになるだろうか。日本とイギリスに共通に存在する

---

[2] 名詞 swallow「ツバメ」と同音異義語。まったく同じ発音と語形だが品詞も用いられる文脈も違うために同音になってもまったく差し支えのない例。音声，語形の変化に心理的要因が肯定的に作用した例。pp. 28f.『英語語源辞典』swallow[1,2]。

身近なものには意味の違いはないという先入観があるのではないか。

外界に存在するものに関する科学的知識は世界中どこでも同じである。文明，技術は世界中の誰もが共通に理解しあえる。飛行機の操縦はどこの国の人であろうとできる。しかし，よその国，民族の文化，習慣は理屈では説明できない。ものと人との関係は人により，文化により，民族によりそれぞれ異なっているからである。いいかえれば，ものは人との関係にあってはじめて存在するといえる。ものはその文化によって恣意的に選択されてはじめて意味を持つ。

イギリス（西欧，あるいは広く，世界といいかえてもいい）にみられる窓と日本の窓とは根本的に違う。外形，構造の違いだけではない。窓の違いは西欧と日本では文化・ものの見方が根本的に違うことを示唆している。

イギリスの建物は基本的に「組積（そせき）」造りであって，厚くて重い石やレンガを積み上げていく。寒さの厳しい西欧では壁は厚いほうが好ましい。室内の暖かさを外に逃さないし，外の冷たい外気が室内に入ってこない。外の音をさえぎることもできる。したがって，イギリス人は騒音を嫌う。が，煙を出すためと空気を入れるための穴は最低限必要である。window の語源である古スカンジナビア語の vindauga (vind-r “wind”+ auga “eye”) はこのことを意味している。

次ページの図は，全面丸太組の壁面にあけられた通風孔。

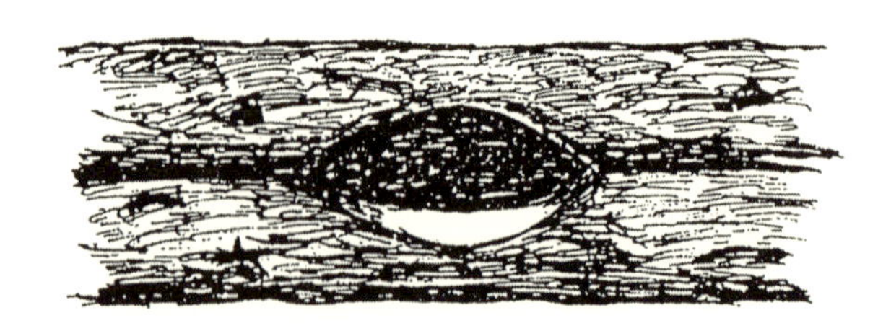

(L. R. Palmer, *Descriptive & Comparative Linguistics: A Critical Introduction,* 1972, p. 344)

窓の原初の形をとどめているのが現代ではめずらしくなった，壁に窓のない black house である。[3]

また，大聖堂の天井によく見かける丸い窓はこの名残である。教会などの高い建物の壁の厚さが 50-60 センチは普通である。壁が厚く重いために窓を大きくすることは構造上難しい。西欧の窓の横幅が狭く，縦に長い理由である。窓は壁の厚さの分だけ奥行きが生じて，窓ガラスの内側，外側の両方にスペースができるので雨よけのひさしは不要になる。ひさしの代わりに雨よけ石（drip stone）を設ける理由である。そして，壁の厚さを利用して窓棚（window sill）によく花が飾られている理由でもある。また，厚い壁と幅の狭い窓で仕切られた外と内は厳格に隔てられているために公私の区別もはっきりと意識される。寒さしのぎのため閉じられた部屋にまず煙出しを目的として部屋の頂部に穴を開けたのが西欧の窓である。そこから光が入り，採光ということが認識されるようになった。教会の窓は高い位置にあり小さい。礼拝堂の中は暗い。暗いがゆえにステンドグラスは美しい模様を映

[3] 三谷康之『イギリス「窓」事典―文学に見る窓文化―』p. 415。

し出すことができる。

窓は小さいので外部からの侵入を防ぐこともできる。外からはわからないように，中からは外の様子をうかがうことができるようになっている。家の内外の区別，つまり公私の区別が厳密になされている。窓は必要最低限にあけられて外界は壁にあけられた縦長の「上げ下げ窓（sash window）」というフレーム，窓枠を通して外界をのぞく。このような発想を象徴的に表しているのが，ル・コルビュジエ（Le Corbusier）設計のロンシャンの礼拝堂（Chapelle Nôtre-Dame-du-Haut, Ronchamp, 1955）の窓である。

これに対し，日本の建築は木の柱を立て，その上に梁を渡してつなぎ，屋根をかける「柱と梁の構造」である。いわゆる窓という認識ではなく，壁も取り払って，障子，ふすま，雨戸は壁面一杯にあけて，スクリーンのように庭の景色が部屋の装飾の一部として融合し取り込まれている（庭屋一如）。建物の外部が内部の延長ととらえられてきた。部屋と部屋，家の中と外部との仕切りも厳密ではない。「サッシ」が導入されても，障子の外枠が木材からアルミになり，障子紙がガラスに取って代わったに過ぎない。道行く人は垣根越えに庭をめでることができる。

現代では，風景は単なる個人的な感興をひきおこすに過ぎないと考えられ，風景を鑑賞することは単なる趣味の域を出ず，生活に密着しているとは考えられていない。が，もともと西欧の場合と日本の場合では見える景色がまったく異なる。したがって，世界観，文化が異なる。

風景は，自然が自らの作用で作り上げたものであって個人の力ではどうにもならないと考えられがちである。また，風景は世界中の誰が見ても同じに見えると思いがちである。しかし，風景は，民族により，人によって選択され，認識されてはじめて風景として意味を持つ。風景は，その民族が独自の世界観を作り上げ，文化として確立したときには，その文化を通してのみ見えてくるものである。たとえば，虹の色の数は言語によって異なる。日本では幼稚園児でも「虹にはいくつ色があるの？」と聞けば即座に「7 色」と答える。では，「なに色となに色？」ときかれて，明確に 7 つの色名を答えられる人は何人いるだろうか。また，実際に虹を目にして赤から紫まではっきりと視認できる人はいるだろうか。英語では，日本語ほど明確に虹の色の数，色分けに関心がないようであり，普通は 6 色，教育上は 7 色である。アフリカのショナ語は 3 色，バサ語では 2 色しかない。科学的にプリズムで分析した数よりもその言語で決められている数という先入観で虹を見ているのである。[4]

西欧人は，上げ下げ窓を通して見る風景が風景であると思い，日本人が，壁面一杯に風景を見るのが当たり前と思っているのも，無意識のうちに，それぞれの文化がそのように見ることを要請するからである。風景は誰が見ても同じ単なる自然物の集積ではない。民族により，文化により，恣意的に選択されているのである。

外界の自然をどのように風景として切り取るかを決めているのが，文化の根幹をなす言語というフィルターである。英米人は英語というフィルターを通して外界を認識する。

---

[4] 鈴木孝夫『日本語と外国語』pp. 59f.。

英語を通じての異文化理解，国際化がいわれているが，日英語比較，異文化理解をもう少し掘り下げて考える必要があるのではないか。

第Ⅲ部

英語史の詩学と記号論：実践編

第8章　auburn：シェイクスピアの色彩語

1. はじめに

1.1. シェイクスピアの語彙・意味変化研究の難しさ

シェイクスピアの英語は発音，文法（形態，シンタックス），語彙・意味のどの領域も想像以上に問題が多い。

シェイクスピアの時代は英語という言語がゲルマン語時代から受け継いだ古い言語から近代風の新しい言語に脱皮しようとした時代であったので古い時代の特徴が残る半面，新しい英語の特徴も芽生えつつあり，新旧2種類の英語が併存していた。新旧2種類の英語は，保守的な上流階級・知識階級の，どちらかというと書き言葉重視の英語と，進歩的な，どちらかというと口語の，下層階級の英語と置き換えてもいい。古くからのゲルマン語の特質をよく維持している古期英語の時代から古い英語が徐々に衰退する一方，近代思想を表現できる新しい英語が徐々に台頭してきて保守的な英語にとって代わるまさにその接点の時代にシェイクスピアは作家活動をした。右手の古い英語と左手の新しい英語を変幻自在に，自由自在にあやつって詩，劇作品を書いた。シェイクスピアの発音は，たとえば，ドブソン (E. J. Dobson)[1] のように，当時の初期文法学者の書いた資料を証拠として重視すれば，保守的な古い発音だったという結論になり，ケカリッツ (H. Kökeritz)[2] のように，劇作品に用いられた口語英語を証拠として重視すれば，かなり進歩的な発音だったという結論になる。しかし，事実は，シェイクスピアは古い英語と新しい英語の双方を，そのどちらかに偏るのではなく，必要に応じて使い分けた。結果的には，英語が古い英語から新しい英語に脱皮するのに大きな影響を与えたといえるだろう。

シェイクスピア個人の意思で英語という言語が動いてゆく方向を自分の意のままに操ったというわけではない。英語，あるいはアングロ・サクソン民族が全体として流れてゆく新しい方向をシェイクスピアは敏感に感じ取ってそれを自分の作品に反映させた。そのような視点で考えると，発音も，文法も，語彙・意味も，古期英語，中期英語と比べてシェイクスピアの英語は現代英語に近いのでわかりやすいという見方は安易に過ぎるであろう。シェイクスピアの英語はベーオウルフの英語やチョーサーの英語のように単純ではない。誤解を恐れずにわかりやすくいえば，古期英語や中期英語の発音は，発音とスペリングがそれなりに一定していて，「大母音推移」のまっただ中にあって，発音とスペリングが

[1] E. J. Dobson, *English Pronunciation 1500-1700*, 2 vols. 1957, 1968^2.
[2] H. Kökeritz, *Shakespeare's Pronunciation*, 1953.

錯綜していて混乱状態にあったシェイクスピアほど複雑ではない。古期英語や中期英語の場合，現代までに残された文献の数・量が限られている上に，英語の方言，あるいはそれぞれの書き手の英語が写本により多様性はあるものの比較的均質であるのに対し，シェイクスピアの英語は登場人物が多種多様でありそれだけに用いられた英語も，上流階級の英語，下層階級の英語，方言と多種多様であり均質ではない。しかも，シェイクスピア自身の英語が初期，中期，後期へと作品を追うごとに変化している。新しい英語を実験的に用いているように思われる場合もある。あるいは，古い英語と次に来たるべき新しい英語を意図的に使い分けている場合もある。以上のような要因がシェイクスピアの語彙変化・意味変化の研究を難しくしている。

1.2. 伝統文法の語彙史・意味変化研究

伝統文法が主流だった頃の，ブラッドリ (H. Bradley)，イェスペルセン (O. Jespersen)，L. P. スミス (L. P. Smith) の著書は意味変化，語彙史の専門書ではないが，語彙史と意味変化に多くのページを割き，示唆にも富んだ著作であった。たとえば，*OED*[2] の編者のひとりであったブラッドリは，*The Making of English* (1904, 1968[2]) で次のように書いている。

(1) この動詞【carry】は物を地面から上げて，場所を移動させることを意味するもっとも一般的な語となった。

(ブラッドリ『英語発達小史』寺澤芳雄訳，p. 191，成美堂版，p. 149，下線，引用者。筆者補足は【　】で示す)

ものを運ぶということは，動作の対象となる物体を，まず上に持ち上げて，次に目的とする場所へ水平に横方向移動することである。そこで，(1) の下線部にある「地面から上げて【上への垂直方向（↑)】」と「【横への水平方向に（⟷)】場所を移動させる」という carry の持つ2種類の意味特徴に注目して，シェイクスピアが用いた145例の carry をすべて拾い上げて，この2種類の意味特徴に従って分類すると，シェイクスピアの carry には確かにはっきりと認識できる用法の違いがあることがわかる。[3]

また，イェスペルセンの *Growth and Structure of the English Language* (1905, 1948[9]) にも示唆に富む記述が多くある。たとえば，イェスペルセンは，シェイクスピアが使用したことによって英語に浸透した語彙と，シェイクスピアと同時代の，いわゆる難解語辞書のひとつであるコケラム (H. Cockeram, *The English Dictionarie: or, An Interpreter of Hard English Words*, 1626) との語彙の比較に言及している。そして，「コケラムが難解語として採録している語彙のほとんどが今日ではごく日常的な語彙になっている」ことが意外な事実として述べられている。普通，英語史の研究者は英語の発音，形態，シンタックスと意味の歴史だけを研究して辞書史には関心がない。一方，英語辞書史の研究家は，英語史一般にはあまり関心がなく，辞書史だけを研究する。したがって，筆者の知る限り，シェイクスピアが使用している語彙と，難解語辞書として知られているコケラムとを比較すること自体，

---

[3] 三輪「carry の意味，用法」『シェイクスピアの文法と語彙』，松柏社，2005，第11章。

イェスペルセン以外に，過去に例がない。そして，イェスペルセンの示唆に従った語彙の比較研究は，コケラムが難解語としてその辞書に掲載している語が実は難解語ではないという興味深い結論が見えてくる。イェスペルセンの着眼点の卓抜さを示す例である。[4]

また，スミス（L. P. Smith）（*The English Language*, 1912）は，イギリスの思想史と英語の語彙史との間に密接な相関関係があることを実証した。特に，“chapter 9 Language and Thought” では，F. ベーコン（F. Bacon, 1561-1626）の提唱した近代科学思想には，従来になかった科学思想を表現するために，ベーコンがまったく新しい語彙を造語し，あるいは旧来からある語彙に新しい意味を付加したことをわかりやすく実証した。「新しい概念を表現するためには新しい語彙，もしくは旧来からある語彙に新しい概念を付け加える必要が生じる。」言葉をかえていえば，「新しい語彙が英語史上に初めて用いられた。もしくは旧来からある語彙に新しい意味が新たに加えられた場合には，新しい概念が英語にもたらされた証拠になる」という主張である。ベーコンの *The Advancement of Learning*（1605）を初出とする語と，旧来からある語に新しく付加された意味を調べると，ベーコンが近代科学思想にどのように貢献したかが具体的にわかる。新しい時代の思

---

[4] 三輪「コードリ（R. Cawdrey, *A Table Alphabeticall*, 1604）再考」，「近代英語辞書におけるギリシャ借用語」，『英語の辞書史と語彙史』松柏社，2014，第 7 章，第 8 章，pp. 89f.。イエスペルセンが取り上げた語は次のようなものである: abandon, abhorre, abrupt, absurd, action, activitie, actresse. actresse はコケラムでは ‘a woman doer’ として掲載されている。まだ，「女優」というものがなかったからである。

考方法と語彙・意味の変化とが相関関係にあることの証左である。[5]

ブラッドリ，イェスペルセン，L. P. スミスの「語彙史研究の方法」は，現代の理論重視の，厳密な意味論，語彙論の方法とは違うが，英語の語彙，意味の研究から，広く人文学的思考方法を教えるという性格を持ったものであった。

ただし，これら3人の方法は，意味・語彙の領域と言語の外的側面との関係だけが論じられていて，発音と文法【形態とシンタックス】の役割が考慮されていない。外的要素が言語の内部に入り込む時には，発音と文法（特に形態）も大きく関与してくることに気づいていない。

1.3. 語彙史・意味変化と発音・形態との相関関係

意味論関係の先行研究で，新しい語を造語するに，その言語の音声の規則あるいは文法（特に形態）の規則がどのように干渉するかを，具体的に意識して論じた先行研究は，筆者の知る限り，ないようである。本稿では，外的要素が言語の内的領域に組み入れられる際に，言語の内的要素である音声と文法がどのように干渉するかを考察してみる。

意味変化・語彙変化が言語の外的要素に大きな影響を受けるといっても，意味論（semantics）・語彙論（lexicology）だけが言語

---

[5] 三輪「F. ベーコンの近代科学語彙: 思想と語彙」『英語の語彙史』南雲堂，1995，第6章，pp. 76f.。なお，O. バーフィールド『英語のなかの歴史』（渡部昇一・土家典生訳，中央公論社，1978）には，スミスの記述そのままの借用が少なからずみられる。

外的要因と関わるわけではない。音韻論（phonology），形態論（morphology）も程度の差があり，また関与の仕方は違うが言語外的要因と密接に関わるという事実は意外に認識されていない。実は，発音は言語の外面的要因に大きく依存する。音声学は，実際に発音された（言語外的な）物理的な音声を対象として記述し分析しなければならない。また，同じく言語外的要因である発音器官を考慮に入れなければ音声学・音韻論は成立しない。さらに，ネイティブスピーカーの意識の裏に潜む「内的な音韻の体系」を調査しなければ真の音韻論とはいえない。また，音韻体系は，均整の取れた体系を理想として変化しようとするのに反し，口，舌，歯，口蓋などの器官は，食べ物の咀嚼，消化には好都合にできていても発音するには均整のとれた構造とはいえない。発音に関わる言語の外的要素である口腔器官の不均衡な構造と理論的な音韻体系は整合してない。[6] 発音は不均整な口腔の生理的構造に依存し，その影響を受けて変化する。均整のとれた理想の音韻体系と言語外的な，不均衡な口腔機関の構造との乖離が音声変化を生じる重要な要因になっている。発音を考察する際にも言語内的な音韻体系と言語の外的側面である口腔器官の不均整な構造を考慮しなければならない。

形態にしても，発話に現れたさまざまな形態の裏に潜む心理的な「形態の体系」を明らかにしなければならない。形態は「類推」という言語外的な心理的作用により左右されることを考慮しなければならないからである。言語外的要素の影響で新しい語が形成

[6] マルティネ『言語学要理』三宅徳嘉訳，岩波書店，pp. 288f.。

されようとすると，その新しい形態が，従前から存在する形態法と適合しなければならない。その言語にとってまったく新奇な形態は拒否され，類推作用を経て，従来からある形態の組織に組み入れられる。

音韻，形態，シンタックスも実は，言語の外的側面と密接に関係している。研究対象との関与の質が違い，関与の仕方も違うが言語外の要素と密接に関わることは意外に認識されていない。

ブラッドリ，イェスペルセン，L. P. スミスも，意味と語彙の領域と言語の外的側面との関係だけを考察していて，言語の別の内的側面である「発音と文法（特に形態）」の果たす役割を考慮していない。少なくとも明言していない。

「音声学と文法が相互に無関係な分野であるとして分離」して考察するのではなく，「意味・語彙」を加えて，音声，文法（特に形態）と意味・語彙が相互に関連しあっているという観点から意味変化，語彙変化を考えてみる。

語彙・意味の変化は定式化の難しい分野である。音韻論や形態論と違って言語の内的な考察だけでなく，言語の外的事情も考慮しなければならない。言語の内的領域と外的領域の双方をどのように過不足なく考慮に入れるのかが大きな問題である。ブラッドリたちも興味ある方法論，視点を提示しているが，彼らは，語彙，意味と発音，文法とは相容れないものであるという前提で考えているようである。あるいは，語彙・意味の変化に，発音・形態を考慮に入れるという視点そのものに気づいていない。このような考え方は，19 世紀の印欧比較言語学の伝統に基づくものである。本論は，従来の語彙史論，意味変化論には欠けていた方法論を求める試みである。語彙変化・意味変化にも発音と文法（形態とシンタックス）とが相互に関連しあい，連動している，という観点から語彙変化，意味変化を考えてみる。[7]

2. シェイクスピアにおける auburn

2.1. シェイクスピアの語彙の問題点

シェイクスピアの作品中には問題のある色彩語が多数ある。そのひとつが auburn（現代英語「とび色（の）」）である。この auburn という語の形態変化とそれに伴う意味変化は英語史の言語内的考察だけでは説明できない。英文学，英語史の文献とそれ以外の文献を参照して，auburn の形態変化，意味変化を考え，ひいては英語史における語彙変化と意味変化の特性と研究方法を考える。auburn の場合も，意味変化と形態変化が相互に関連して変化している証拠をシェイクスピアに見いだすことができる。

シェイクスピアの auburn は版により auburn, aborn, abram として『コリオレーナス（*Coliolanus*）』（1607-8）と『ヴェローナの2紳士（*Two Gentlemen of Verona*）』（1594）に各1回用いられている。そのほかに，フレッチャー（John Fletcher，1579–1625）との共作とみなされている『ふたりの親戚の貴族（*The Two Noble Kinsmen*）』（1613）に1回ある。

auburn の3例を Riverside 版から引用する。

---

[7] このことは，理論の精密化，定式化の進んだ現代の意味論とは違う。現代の意味論は研究対象をことのほか言語の内面に限定している。

(2)　シェイクスピアに用いられたauburn

a.　*3. Citizen.*　We have been call'd so of many, not that our heads are some brown, some black, some abram, some bold, but that our wits are so diversely color'd; ...

(*Coliolanus*, II.iii.18-20，以下，下線引用者，以下同じ)

(**市民3** おれたちのことをそんなふうに呼んだのはまだたくさんいる。べつに頭の毛が茶色とか，黒とか，とび色とか，はげだとかいうわけじゃない。つまり，知恵の働きがいろいろにわかれているというんだ。)

b.　Her hair is auburn, mine is perfect yellow;

(*Two Gentlemen of Verona,* IV.iv.189)

(あの方の髪はとび色なのに，私のは完全な黄色)

c.　(...) He's white-haired,
Not wanton white, but such a manly color
Next to an aborn;

(どうしようもない白色ではなく，とび色に一番近いあの男らしい色)

(*The Two Noble Kinsmen,* IV.ii.123-5)

シェイクスピアに用いられたauburnの3例はいずれも「とび色」を意味する。ところが，シュミットの（A. Schmidt, *Shakespeare Lexicon*, 1874, 1902[3], rpt. 1971, Dover）の説明には矛盾する点があるので，何が問題なのかを考える。

2.2. シュミットの *Shakespeare Lexicon* の矛盾点

まず，シュミットの *Shakespeare Lexicon* の auburn には以下のように説明されている。

(3) **Auburn**, probably=whitish, flaxen: *heads some brown, some black, some a.* Cor.II.3,21 (F1 *Abram*). *her hair is a., mine is perfect yellow*, Gentl. IV.4, 194 (Florio, Ed. 1611: Alburno, a fish called a Blaie or Bleake. Also the white, the sappe or softest part of any timber subject to worm-eating. Also that whitish colour of women's hair which we call an Alburne or Aburne colour).

(Schmidt, *Shakespeare Lexicon*, Auburn)

シュミットの記述を訳述し，この記述中にある矛盾点について考察する。(4) はシュミットの auburn の項の訳述。

(4) **【語義】**おそらく「白っぽい (whitish)；亜麻色の，明るい灰黄色の (flaxen)」；**【引用文 1】** *heads some brown, some, black, some auburn.* 『コリオレーナス』II.3,21 (1613 年のファースト・フォリオ (First Folio) 版では Abram)；**【引用文 2】**: *her hair is auburn, mine is perfect yellow,* 『ヴェローナの 2 紳士』IV, 4, 194.
(1611 年版のフロリオの『イタリア語―英語辞書』では「Alburno=Blaie あるいは Bleake と称される (白い色の) 魚。また，木材の表皮に近く白みがかった部位 (white)，樹液と【年を経て色素が沈着した赤い樹心部と違って】もっとも柔らかい(softest) 部分で昆虫類が好んで食べる (subject to worm-eating) 部位。また，Alburne colour あるいは Aburne colour と呼ばれる，婦人たちの髪の白っぽい色」)

(Schmidt, *Shakespeare Lexicon*, Auburn)

シュミットの言及しているフロリオ（“Florio, Ed. 1611”）とは，フロリオの *QVEEN ANNA'S NEW WORLD OF WORDS* (1611) である。原文を引用する。[8]

(5) Albúrno, a fish called a Blaie or Bleake.
Also the white,[9] the sappe or softest part of any timber subict to worme-eating. Also that which colour of womens haire which we call an Alburne or A burne colour.
(John Florio, *QVEEN ANNA'S NEW WORLD OF WORDS*, 1611. スペリングは原文のまま)

フロリオは auburn のイタリア語形である alburno について述べている。女性の髪についてはイタリア語における，ラテン語以来の「白っぽい」を意味している。

シュミットの引用 (3) の語義説明は矛盾している。語義の「白っぽい (whitish)」と「亜麻色の，明るい灰黄褐色の (flaxen)」

[8] この辞書は OED^2 における its の初例として有名なフロリオの『イタリア語—英語辞典』*A Wolde of Wordes* (1598) とは別の辞書である。

[9] ‘the wood next to the bark of a tree, called the white, or alburnum’, OED^2, ‘worm-eating’.

はごく近い色である。しかし，シュミットが引用している『コリオレーナス』と『ヴェローナの2紳士』における auburn の意味はいずれも「とび色（暗い灰赤）」であって「白っぽい」ではない。なぜシュミットは例文の意味とは違う意味である「白っぽい」「亜麻色の，明るい灰黄褐色の」だけを定義としてあげながら，シェイクスピアからの引用文では「とび色」の例をあげているのか。しかも，シュミットは説明の後半では，わざわざフロリオの『イタリア語―英語辞書』を取り上げて，Alburne colour あるいは Aburne colour「白っぽい女性の髪」に言及して，auburn の意味を「白い」に限っているのはなぜか。いずれにしても，定義と引用された例文が矛盾している。

シュミットの矛盾から何がわかるのか。シェイクスピアの意図した auburn は一体どのような色だったのか。

2.3. 『英語語源辞典』と *OED*² の説明

この疑問を解くために，まず，寺澤芳雄編『英語語源辞典』と *OED*² の記述を見る。

(6) **auburn** adj.《a1420 Lydgate》赤［金］褐色の，とび色の．—n.《1852》赤［金］褐色，とび色．◆ ME *auburn(e)* reddish brown, blond □ AF *auburn* = OF *auborne, alborne* □ ML *alburnus*, whitish ← L albus white: ⇨ ALB. ◇ 15–16C に *abron*, *abrune, abroun* の異形があったことから *brown* との連想が働き意味の変化を促したと考えられる。

（*auburn*，『英語語源辞典』寺澤芳雄編，研究社）

この説明は *OED*[2] にもとづいているので，全体的な問題は次に取り上げる *OED*[2] の項で述べるとして，この辞典に関する問題点を挙げる。第一に，語義で「赤［金］褐色の，とび色の。— n.《1852》赤［金］褐色，とび色」と，ME, AF, ML に用いられた意義の “blond, whitish, white” との色の違いに関する説明がない。第二に，「◇ 15–16C に *abron*, *abrune, abroun* の異形があったことから *brown* との連想が働き意味の変化を促したと考えられる。」という一文では，辞書としての紙幅の関係もあろうが，以下の【　】のような補足説明が望ましい。「◇ 15–16C に【音位転換による】*abron*, *abrune, abroun* という異形があったことから *brown* との連想が働き，【「white, blond」から「とび色」へという】意味の変化を促したと考えられる。」[10]

次に *OED*[2] の auburn の項。

(7) **auburn**, *a*. Forms: 5 - 7 **aborne, -ourne**, 6 **alborne, auberne, aberne**, 6 - 7 **auborn** (**e**, **abourn, aburn** (**e**, **auburne**, 8 - **auburn**; also 6 **abron**, **abrun** (**e**, 7 **abroun, abrown**.

[a. OF. *alborne, auborne*:—L. *alburnus* (= *subalbus*, Du Cange) nearly white, whitish. In 16–17th c. written

[10]「15–16C に（...）【「white, blond」から「とび色」へという】意味の変化を促した」とあるが，「15 世紀」というのは時期尚早であろう。15 世紀にはまだ bron，brun という異形はない。

abron, abrune, abroun (cf. APRON, *aperne*[11]), which prob. originated, or at least encouraged, the idea that *auburn* was a kind of *brown* (an etymology actually adopted by Richardson), and so helped to modify the signification of the word.]

orig. Of a yellowish- or brownish-white colour; *now,* of a golden-brown or ruddy-brown colour.

1430 LYDG. *Chron. Troy* ii. xv, Aborne heyr crispyng for thicknesse (...) **1859** GEO. ELIOT *A. Bede* (......) pale red hair to auburn.

b. absol. quasi-*n*.

1852 D. MOIR Christm. *Musings* v. Wks. II. 254 thy tresses in the breeze Floating their auburn.

(*OED*^{2}, auburn)

上の *OED*^{2} の説明文を解釈する。

(8) 【語形】15 世紀の語形は *aborne, alborne* でリドゲイト (Lydgate) が初例 (1430)。16-17 世紀以降は，**auborn** (**e** 系と **aburn**(**e** 系が現れて，現代英語に続く。

【語源】auburn は古フランス語 alborne, auborne の借用であり中世ラテン語 (med. L. = medieval Latin) の alburnus ‘whitish’ に由来し，古典ラテン語の albus「白い」を語源とする。

---

[11] 音位転換 (-or-, -ur- > -ro-, -ru-)。

一方，16～17 世紀にはしばしば abrun，abro(u)n，abrown というつづりが見られるので brown との類推で「白い」から「とび色（暗い灰赤色）」という意味を表すようになったと考えられる。これはリチャードソン（C. Richardson）の見解である。abro(u)n から auburn へは aperne から apron への変化と同じく音位転換である。

【意味】もともとの意味は「黄色がかった白い」で現在は「金色がかった褐色の」。
形容詞の初例。
1430 LYDG. *Chron. Troy* ii. xv, Aborne heyr (...)
疑似名詞は唯一例。
1852 D. MOIR Christm. *Musings* v. Wks.II.254 thy tresses in the Floating their auburn.

以上の記述から，現代英語での意味は「赤［金］褐色（の）（名詞・形容詞）」である。形容詞「赤［金］褐色の，とび色の」の英語での初例は 1430 年のリドゲイト（Lydgate, 1430）であり，名詞用法の初例は 1852 年のモイアで，唯一例。アングロ・フレンチ語から auburn として借用され，古期フランス語では auborne, alborne，中世ラテン語は alburnus で意味は「白っぽい（whitish），古典ラテン語の albus「白い（white）」，そして同族語（同じ語源の語）として alb がある。

意味については，「もともとの意味は「黄色がかった白い」で現在は「金色がかった褐色の」」という記述はあるが，その意味変化がいつ頃どのような事情で生じたかについては，*OED*[2] には説明がない。実は，16～17 世紀に，alburnus の音位転換形である abron, abrune, abroun という異形態があったことから brown との類推が働き，意味変化した。

2.4. リチャードソン（C. Richardson）の説明

OED^2 にはリチャードソンへの言及があるので該当箇所を引用する。

(9) **AU′BURN**, *adj.* Written by Beam. and Fletch. and Hall, *Abron.* The first folio (p. 36) Two Gentlemen of Verona, reads *Aburne*. In Coriolanus (fol. 12【F1 p. 12】) *Abram* perhaps is for *Abron.* And the word probably is merely *A bron*, i.e. *brown,* the past part. of to *bren* or *brin,* to *burn.* See Brown, and Bronze.

Brown, or approaching to brown.

(C. Richardson, *A New Dictionary of the English Language,* 1836-7, vol. 1, AU′BURN)

リチャードソンは aburne というスペリングで Sir T. Elyot とシェイクスピアの *Two Gentlemen of Verona* から各 1 例，auborn というスペリングで Sidney から 1 例，abron というスペリングで *The Two Noble Kinsmen* と Hall[12] から各 1 例，auburn

---

[12]「ところが，auburn は 15-16 世紀ごろ【brown との形態上の類推で】abron とも綴られ，ホール主教（Bishop Joseph Hall, 1574-1656）が 1598 年ごろに書いた風刺詩の abron locks「エイブロン色の頭髪」という表現では，abron が今日の brown（褐色）と混同されている。後に，綴りは元に返ったが，

という綴り字でCarew, Dryden, Cowperから各1例を引用している。16～17世紀のabron, abrune, abrounという語形がbrownとの類推を生じ，auburnに「褐色の」という意味をもたらした。少なくとも連想させたというのがリチャードソンの見解であり，それを*OED*^{2}が認めている。[13] したがって，「白色系」から「褐色系，とび色」への意味変化は16～17世紀の頃である。具体的にいえば，シェイクスピアの時代である。さらに，リチャードソンは，「『コリオレーナス』のAbramはおそらくAbronであり，a brownつまりbrownであろう」としている。末尾近くの“And the word probably is merely *A brown*, i.e. *brown,* A burne colour”は，フロリオがAlburneをa burne colourと異分析を示唆しそれをリチャードソンが借用したのであろう。ということは，alburneの -l- はalms, almondと同様にすでに発音されなくなっていたと考えられる。brownは古期英語の動詞bren, brin（＝to burn）の過去，過去分詞であろうとしている。確かに，古期英語以来，brin-, bren-, とburn-, bern-などが常に，どの方言でも音韻交替と音位転換形が錯綜している。少なくとも，『コリオレーナス』のAbramはおそらくabronの異形態である。言語内的な，音位転換に加えて，言語外的な，エイブラハム（Abraham）の髪が黄褐色，とび色系であったことが原因であったと考えられ

その「色」は「褐色」のまま残った。」（『シップリー英語語源辞典』auburn, p. 61, 大修館書店, 2009）しかし，実際は，「15世紀」にはabronという語形はまだない。

[13] なお，リチャードソンは『ふたりの親戚の貴族』を，シェイクスピアではなく，ボーモントとフレッチャーの共作であるとしている。

る。それが1613年の*First Folio*から*Third Folio*でAbramになっている理由である。

2.5. シェイクスピアのauburnのまとめ：「白色（の）」から「とび色（の）」へ

『英語語源辞典』, *OED*[2], リチャードソンの辞書からわかることは以下のようにまとめることができる。

auburnの語源はラテン語のalbus 'white' であるからもともとの意味は「白い」である。[14] 中期英語期に「白い」という意味で借用された。シュミットが「白っぽい（whitish）」と記しているのはそのためである。auburnの語源は古典ラテン語のalbus 'white' である。しかし, シェイクスピアのauburnはシュミットが記している「白い, 白っぽい」という意味ではない。シュミットは語源を説明しているだけであり, シェイクスピアの実際の用法・意味については説明していない。『英語語源辞典』も,「白い」という語源を説明しているがシェイクスピアが実際に用いている『コリオレーナス』,『ヴェローナの2紳士』の「とび色」ついては説明していない。また,「赤［金］褐色（の）, とび色（の）」という現代英語の意味が語源であるラテン語のalbus 'white' からどのように生じたのかについての説明がない。シュミットと同様に,「白っぽい」という語源の意味だけをあげて引用例は「とび

---

[14] cf. album「アルバム＝写真などを張り付けるためになにも書いてない空白紙をとじたもの」, albion「'white land'=Great Britain。フランス方面から船で渡る際に同島を形成する石灰岩のために南部海岸の絶壁が白く見えるため」, albino「白子, 白変種」, albumen「卵の白身」。

色」をあらわす『コリオレーナス』,『ヴェローナの２紳士』の２例だけを挙げているだけである。

中期英語の auburn が「白い」を表すことは *Prompt Parvulorum* (c. 1440, rep. 1865, Camden, p. 17) の ‘AWBURNE coloure. *Citrinus*【シトロン色＝淡黄色】’ にみられる。

中期英語の auburn が「白い」という意味から 1600 年頃までには,「とび色」へと変化した過程は以下のように説明できる。16 世紀末から 17 世紀初めにかけて古い auburn(e) という語形が音位転換という形態変化（言語内的現象）により, abron, abrune, abroun (au + burn > abrun) となり, 語源俗解 (folk etymology), あるいは異分析 (metanalysis)（いずれも言語内的現象）により a + brown と解釈された。そして,「褐色系統の色」を好む時代の流行（言語外的要因）に応えて brown という後半の要素から「とび色, 赤［金］褐色」という「褐色」系の新しい意味を獲得した。auburn から abron, abrune, abroun への音位転換による形態変化の過渡期の例は主教ホール (Bishop Hall) の ‘Curled head With abron locks was fairly furnished’ (*Satires in Six Books*, 1599 年版, Bk.III.v.8) にみられる (*OED*^{2}, auburn. W. W. Skeat, *A Glossary of Tudor and Stuart Words*, 1914 では Hall, *Satires*, v.8.)。これらの形態変化は, 意味・語彙の変化にも言語の内的要因が深く関連することの証明となる。ただし, 意味は「白色」系統から「とび色」系統の色へと変化したが形態は旧来の auburn がその後勢力を得て復活した。[15]

---

[15] この点では, 語源俗解 (folk etymology) にもとづき新しい「非人間的な」

3. エリザベス朝に流行した「とび色（auburn）」の髪

3.1. 言語外的要因

auburn の語形変化，意味変化には，言語内的原因のほかに，言語外的原因の作用も大きく影響している。エリザベス朝に「とび色」の髪が流行したという事情も，auburn が「白色」から「とび色」への意味変化を促した有力な原因である。[16] エリザベス朝に「とび色」の髪，肌の色が流行したために，「とび色」を表す語が必要となった。そして，abron，abrune，abroun という語の -bro (u) n，-brune という要素が brown との連想で注目されて，音位転換などを経て auburn が創出された。バーンハートは古期フランス語の aubornaz ‘dark blond’ の影響もあるとみる。しかし，古期フランス語 aubornaz ‘dark blond’ の影響というよりも，

という意味が加えられた。しかし，17 世紀後に，語形は古典ラテン語の正しい形に戻った abominable が，借用後に加えられた新しい意味は保持したままの abominable とよく似た変化をたどった。語源俗解の例は外来語にはよくある（三輪「シェイクスピアにみる外来語定着の一類型」『英語の辞書史と語彙史』pp. 212f.）

[16] バーンハートは古期フランス語の aubornaz‘dark blond’ の影響もあるとみる（*The Barnhart Dictionary of Etymology*, 1988, p. 64）。純粋な金髪は清廉潔白な印象を与える上に，（現代）世界の人口の 1.8%と人口比率も少なく，中世期には神聖視され近よりがたいと感じられてきたが，おそれ多く，絶対視される神よりもルネッサンス期に生じた「暖かい血の流れる人間性重視」の考え方がとび色などが混じった髪を人間らしいとして好む流行を生んだ要因のひとつと考えられる。また，エリザベス 1 世が黄金色の赤い髪だったからともいわれている（C. Leech, *TGV*, Arden Shakespeare, p. 104, 1969）。エリザベス 1 世は blonde だけでなくいろいろなかつらを 80 種類もっていた（春山行夫『博物誌 III 髪』1989, p. 58, 平凡社）。実際，女王の複数の肖像画は色の違った髪に描かれている。

イギリスで新しく「とび色」が流行し始めたと感じたイギリス人が，「意味あり，形を求めた。」その結果，フランス語 aubornaz を参考にして auburn を考えついたと考えるべきであろう。

現代英語に普通の「赤［金］褐色（の），とび色（の）」という意味はシェイクスピア時代に「赤［金］褐色，とび色」の髪の毛が流行して急速に広まったこと表している。そのことは，たとえば，ダニエル（Samuel Daniel, ?1563-1619）のソネット集『ディーリア（*Delia*）』の主人公ディーリアの髪が 1592 年版では golden であったのに 1601 年版では sable「黒」に変えられていることからもわかる。[17] このことからルネッサンスの影響によりギリシャ，イタリア，フランスなどの地中海文化の流入とともにそれまでの白色系統の blonde 賛美から地中海沿岸地域に多い「黒みがかった（brunette）」髪の色や肌の色に好みが急速に変わったことが読みとれる。

シェイクスピアの『ソネット集』127 冒頭の，

(10) In the old age black was not counted fair,
Or if it were it bore not beauty's name:
But now is black beauty's successive heir,
And beauty slandered with a bastard shame;
(むかしは色が黒いのは美しいとは考えられなかった，
考えられたとしても，美の名では呼ばれなかった。
しかし，近ごろでは黒の美が正当な後継ぎとなったり，
色白の美の方が恥ずかしい私生児だとそしられたりする。)

[17] 川西進（編注）『シェイクスピア：ソネット集』鶴見書店，p. 153。

（『対訳シェイクスピア詩集』p. 117，柴田稔彦訳，岩波書店）

という一節は，このような blonde，fair（白色系）から brunette（とび色系）への色の流行の変化を裏付ける表現である。[18]

シュミットに引用されている『ヴェローナの 2 紳士』におけるジュリア（Julia）の台詞の全文を引用する。

(11) (*Julia*:) Her hair is auburn, mine is perfect yellow:
If that be all the difference in his love,
I'll get me such a color'd periwig.
（ジュリア：あの方の髪はとび色なのに，私のは完全な黄色。それだけで彼の愛情にあんなに大きな相違ができてくるのだったら，わたしはとび色のかつらをかってきましょう。）
（『ヴェローナの 2 紳士』IV, 4, 189–191）

従来は，blonde の髪や白い肌が美人の象徴とみなされていたが，好みが金髪からとび色（auburn）に移り，金髪や黄色よりもとび色が好まれたと考えれば，ジュリアの嘆きも理解できる。

結果として生じた，シェイクスピアの時代に見られる auburn の意味変化・語形変化の過程のあらましは以上のように説明できる。

中世の人々が神々しい，恐れ多いと信奉した「白色系の髪，肌

[18] auburn はフランス語（<ラテン語）からの借用（1430 年初例）であるが，フランス語に逆輸入されている。また，1817 年にスタンダール（Stendhal）は『イタリアにおける絵画の歴史（*Histoire de la peinture en Italie*, 1835）』で英国の流行として 'auburn hair' に言及している（'auburn', *Dictionnaire historique de la langue française*, par A. Rey, 1992）。

の色」から，ルネサンスの影響もあり，いかにも生気にあふれた人間の，血色のいい「褐色系の肌，髪の色」への好みが大きな流れとなって流行し始めるのは16世紀末の頃である。そういう時代の雰囲気を感じ取り，人々の好みの変化が，auburnの形態変化・意味変化に反映しているのを敏感に感じ取ったシェイクスピアは作品中の英語に反映させている。シェイクスピアの英語の，発音，文法，語彙，意味変化には当時の，絶えず変遷する英語の姿が映し出されている。

ルネサンスに始まる，神を第一原理とする世界観から人間中心の世界観へと推移するヨーロッパの精神史がシェイクスピアの文学と英語に込められている。[19]

3.2.　auburnの意味・形態の変遷：マッケイの説明

以上に述べてきたauburnの総括的な説明がマッケイ（Charles Mackay）の *A Glossary of Obscure Words and Phrases in The Writings of Shakspeare and His Contemporaries* (1887) に記述されている。

(12) Auburn. There is some doubt as to the meaning of the word "auburn," as applied to the hair by Shakspeare and the writers of his time. Shakspeare has "her hair is *auburn*, mine is perfect yellow," which Johnson defines to be of a "tan" colour, from the French *aubour*, the

[19] G. スタイナー「シェイクスピア生誕400年祭」(『言語と沈黙』, pp. 264f.)。

bark of a tree; a sense, however, in which the word is not used. *Aubour*, according to Bescherelle, is from the Latin *albus*, white (more commonly written *aubier*), which modern French and English dictionaries render by "tender and whitish wood," between the bark and the heart of a tree. (Mackay, 1887, pp. 12–13)

このことから，auburn は，「木の樹皮を表すフランス語 aubour に由来し，この aubour は，古期フランス語 alborne，auborne，さらに中期ラテン語 alburnus，近代のフランス語や英語の辞書で，木材の芯と樹皮の間にある「柔らかく白味がかった辺材」と表されているラテン語 albus からの由来」であることが分かる。

マッケイによると，auburn という綴りの起源には，三つの説が考えられる。根拠に乏しく，また，auburn の au- をケルト語の *or*「黄金色（の)」であると安易に置き換えるなど全面的には信頼できないが参考のために，以下にその三つの起源説が書かれている部分を引用する。[20]

(13) Being an English word not derived from the German, the French, or the classical languages, its origin must be looked for in the Keltic, where we find *or*, gold or golden, and *burn*, a stream; whence in bardic and poetical phraseology, the fair hair of a Keltic maiden, flowing like a golden stream down her back. This de-

[20] マッケイはケルト語を主な専門とする。

rivation is only put forward as a suggestion which, whatever may be its etymological value, is more pleasing than those of Johnson and Todd, or of Mr. Wedgwood, who adopts that of Todd; or of Worcester's and other modern dictionaries, who trace the root of the second syllable from *byrnan*, to burn with fire, as if auburn hair were of a fiery red. This derivation, it will be remarked, leaves the first syllable *au* unaccounted for, which is supplied by that which traces it to the Keltic. Possibly, however, the word may be half Keltic, half Saxon, from *or* and *brown*, golden brown, which is the colour, and not white or flaxen, which is popularly associated with the epithet.

(Mackay, 1887, pp. 13–14)

以下，この引用で述べられている auburn の三つの起源説を要約する。

(14) a. ケルト語起源説

auburn の第一音節 au がケルト語 or（意味は英語の "gold" または "golden"）に当たり，第二音節 burn がケルト語 burn（英語では "a stream"）に当たる。詩的な語法でのこの起源は，「金色の小川のように背中に流れているケルト人少女の美しい髪」である。

b. ケルト語・OE 両起源説

この説は，Johnson と Todd, Wedgwood, Worcester

らによる近代辞書によって紹介されている。彼らによると，まるで auburn が激しい赤色を表すかのように，火を伴って燃えるという意味の OE byrnan から，第二音節 burn が発達した。そして，第一音節 au はケルト語からの由来である。

c. ケルト語・サクソン語両起源説

第一音節 au がケルト語 or からの由来で，第二音節 burn がサクソン語 brown からの由来である。(英語の "golden brown")

上記のことから，auburn の綴りの起源には，(a) 第一音節 au がケルト語 or に当たり，第二音節 burn がケルト語 burn に当たる「ケルト語起源説」，(b) 第一音節 au がケルト語からの由来であり，第二音節 burn が OE byrnan からの発達であると説明している「ケルト語・OE 両起源説」，(c) 第一音節 au がケルト語 or からの由来で，第二音節 burn がサクソン語 brown からの由来であるとする「ケルト語・サクソン語両起源説」の三つの説がある。マッケイは (c) の説を支持しているようである。

4. auburn の問題点

4.1. auburn の形態変化の要約

シェイクスピアは，auburn を *Two Gentlemen of Verona* (以下，*TGV*)，*Coriolanus* (*COR*) の中で 1 例ずつ使用している。*TGV* と *COR* の Quarto 版は存在していないので 1～4 Folio 版から引用

する。(F1＝First Folio, 1623; F2= Second Folio, 1632; F3= Third Folio,1663; F4= Fourth Folio, 1685)

(15)　(*TGV*.4.4.189)

F1: her haire is Aburne, mine is perfect Yellow

F2: her haire is Aburne, mine is perfect Yellow

F3: her hair is Aburne, mine is perfect Yellow

F4: her hair is Aburne, mine is perfect Yellow

(*COR*.2.3.19)

F1: our heads are ſome browne, ſome blacke, ſome Abram

F2: our heads are ſome browne, ſome blacke, ſome Abram

F3: our heads are ſome brown, ſome black, ſome Abram

F4: our heads are ſome brown, ſome black, ſome auburn

COR.2.3.19 の F1, F2, F3 の Abram が F4 で auburn に書き換えられているのは，F4（1685）が出版された頃までには，「とび色」を意味する Abram が特殊で違和感が生じたのに対して，後発の auburn が「とび色」を表すにはより適切な語として一般に定着していたからであろう。*OED*^{2} の Abraham, Abram の項にその様子がうかがわれる。

(16) † Abraham, Abram, a. Obs.

[Corruption of AUBURN, formerly often written *abern*, *abron*.]

1599 *Solim. & Pers.* (Hazlitt's Dodsley V. 363) Where is the eldest son of Priam, That Abraham-colour'd Trojan? Dead. **1607** Shakes. *Cor.* ii. iii. 21 Our heads are some browne, some blacke, some Abram, some bald [*fol. of* 1685 *alters to* auburn]. **1627** Peacham *Compl. Gent.* 155 (1661) I shall passe to the exposition of certain colours.—Abram-colour, i.e. brown. Auburne or Abborne, i.e. brown or brown-black.

(*OED*^{2}, Abraham, Abram, 下線引用者)

つまり，*TGV* では F1 から F4 まですべて Aburne が使用されており，*COR* では F1 から F3 までは Abram，F4 では auburn[21] に変更されている。このような表記の変遷を調べるために，*OED*^{2} の auburn に取り上げられている例を年代順に挙げ，綴りの変遷を次に示す。この中に，Folio 版の表記も加えることで比較しやすくした。

[21] COR では F1 から F3 までは Abram，F4 では auburn が使用されているのは，Abram が「褐色，とび色」を意味することは 17 世紀初頭の一時的な現象であったので，F4 では「とび色」を意味することが周知されるようになった auburn に変更されている。

4.2. *OED²* に記載されている auburn のすべての引用例

(17) 〈15 世紀〉

1430 年　LYDG. *Chron. Troy* II. xv,

Aborne heyr crisping for thickness.

1481 年　CAXTON *Myrr.* II. xvii 103

The rayes of the sonne make the heer of a man abourne or blounde.

〈16 世紀〉

1533 年　ELYOT *Cast. Helth* (1541) 2

Heare blacke or darke aburne.

1547 年　BOORDE *Brev. Health* lvi. 25

Alborne heare and yelowe heare commethe of a gentyl nature.

1576 年　T. NEWTON *Lemnie's Touchst. Complex.* (1633) 58

Faire aburne or chesten colour.

1580 年　BARET *Alv.* A715

Light auborne, *subflauus, subrutilus.*

1591 年　PERCIVALL *Sp. Dict.,*

Rojo abrun headed, *Subrufus.*

1594-5 年（作?）　Shakespeare TGV Aburne (?)

1599 年　HALL *Sat.* III. v. 8

Whose curled head With abron locks was fairely furnished.

〈17 世紀〉

1607-8 年 Shakespeare: (COR) Abraham (*OED*[2])

1623 年 Shakespeare F1 : (TGV) her haire is Aburne, mine is perfect Yellow

Shakespeare F1: (COR) our heads are ſome browne, ſome blacke, ſome Abram

1632 年 Shakespeare F2 : (TGV) her haire is Aburne, mine is perfect Yellow

Shakespeare (COR): our heads are ſome browne, ſome blacke, ſome Abram

a1649 年 DRUMM. OF HAWTH. *Jas. I* Wks. 1711, 16 His hair was abourn, a colour between white and red.

1663 年 Shakespeare F3 : (TGV) her hair is Aburne, mine is perfect Yellow

Shakespeare F3: (COR) our heads are ſome brown, ſome black, ſome Abram

1685 年 Shakespeare F4 : (TGV) her hair is Aburne, mine is perfect Yellow

Shakespeare F4: (COR) our heads are ſome brown, ſome black, ſome auburn

a1697 年 in Masson *Milton* (1859) I. 275

'He had light brown hair,' continues Aubrey, —putting the word 'abrown' ('auburn') in the margin by way of synonym for 'light brown'.

〈19 世紀〉[22]

1808 年　SCOTT *Marm.* v. ix

And auburn of the darkest dye, His short curled beard and hair.

1852 年　D. MOIR *Christm. Musings* v. Wks. II. 254

Thy tresses in the breeze Floating their auburn.

1859 年　GEO. ELIOT *A. Bede* 61

The rays..lit up her pale red hair to auburn.

OED^2 の引用文を逐一点検すると，15 世紀には aborne，abourne と綴られ，16 世紀末には brown との連想をうかがわせる abrun，abron が現れ，17 世紀初めには「とび色」を印象づける Abram が用いられるようになっている。続く aburne，abourn は auburn に至る直前の姿を思わせる。[23]

OED^2 に記載された語形変化には，aborne，abourne から abrun，abron への語形変化が見られるので念のために「音位転換 (metathesis)」を『新英語学辞典』から引用する。

(18)　METATHESIS（音位転換）

a.　互いに隣接する 2 音がその位置を転換することをいう。(...)

b.　音位転換は歴史的過程においても起こる。英語では主な例として次のようなものが見出される。起こる

[22] *OED*^{2} には 18 世紀の例がないので，N. Bailey, *Dictionarium Britannicum* (1730) から引用する；'AU'BURN, a dark, brown, or chesnut Colour.'

[23] これらの引用文のほとんどが髪の色を表している。

時期は一様ではなく，またどの場合も散発的なものである。(...) (a) /r/ と母音［主に /i/］の間 : OE bridd > ME bird; OE þridda > ME third / OE hros > ME hors (> ModE horse) / OE gærs > ME gras (> ModE grass) / OE þurh > ME thrugh (>ModE through) / OE worht > ME wrought (b) /p/ と /s/ の間 : OE wæps > ME wæsp (ModE wasp); ME clapsen > ModE clasp。

なお，音位転換は強音節において起こるのがふつうであるが，/r/ と母音の間の音位転換は弱音節において起こることもある。英語では，ME patron > ModE pattern の例が見出される。(...) 弱音節における /r/ と母音の間の音位転換は，/rV/ > /Vr/ の形で起こるのがふつうであり，事実，今日の標準英語に見出されるものはすべてその型のものであるが，ModE 初期の正音学書では，/Vr/ > /rV/ の型のものも記録されている: southron (southern の /ə/ と /r/ の音位転換)。

(大塚高信・中島文雄（編）『新英語学辞典』pp. 709–10)

1591 年の aburne > abrun と，1599 年の aborne > abron の二つの音位転換は，(18b) の (a) に当てはまる。しかし，この音位転換はある時期に一斉に生じたわけではないので，音位転換する前の形も当然文献には残されている。1685 年の F4 の COR で auburn は用いられているので，口語ではそれ以前から使用され始め，やがてこの綴りが確立した。

上記の年表の中で，F1，F2，F3 の COR で，Abram という形が使用されている。

Abram は Abraham のもとの名前で，Isaac の父でユダヤ人の始祖を指す。このことから，auburn とは形態も意味も無関係のように思える Abram が，COR で auburn の意味で用いられた背景にはどのような根拠があったのだろうかという問題が生じる。各種文献では，Abram は次のように述べられている：

OED[2]:

(19) **Abraham, Abram**, *a. Obs.* [Corruption of AUBURN, formerly often written *abern*, abron.]
1599 *Solim. & Pers.* (Hazlitt's *Dodsley* v.363) : Where is the eldest son of Priam, That Abraham-colour'd Trojan? Dead.
1607 SHAKS. *Cor.* II. iii. 21: Our heads are some browne, some blacke, some Abram, some bald [*fol. of* 1685 *alters to* auburn]. **1627** PEACHAM *Compl. Gent.* 155 (1661) I shall passe to the exposition of certain colours.—Abram-colour, i. e. brown. Auburne or Abborne, i.e. brown or brown-black.
(*OED*[2], Abraham)

ブロックバンク執筆のアーデン版注釈（P. Brockbank，The Arden Shakespeare, *Coriolanus*, 1976）:

(20) *abram*: a colloquial variant of 'auburn' (the reading of

F4) originally denoting a light yellow, but its association with the form ‘abrun’ gradually yielded the modern meaning ‘golden brown’. Here the context requires blondes.

(P. Brockbank, *The Arden Shakespeare, Coriolanus*, 1976, p. 180)

abram は auburn の転訛した形であり，もともとは「薄い黄色」を表していたが，abrun の後半の要素 brun と brown の類推で，「金色がかった茶色」という近代の意味が生まれた。*OED*[2]（特に，(19) 最後の 1627 年の引用）とアーデン版ブロックバンク（Brockbank）の記述から Abram が「金色がかった茶色，とび色」を意味していることは間違いない。

5. 結論

語彙と意味の変化は言語の外的世界の変化と密接に関連している。同時に，証明しにくい事柄なので，はなはだまわりくどい書き方になったが，言語外的事情で「とび色」を表す単語が必要になり，新しく造語するに際して，英語という言語の音声，形態の言語内的規則は常に守られているということが重要である。言語外的側面の要請に応えた語彙・意味の分野での変化であるが，発音，文法の規則に従って新しい語彙は形成される。結果として，外国語である古期フランス語の alborne，auborne を活用して，auburn という語が新たに造語された。その際，語彙・意味と英語の発音・文法との整合性が大きく関与して新しく造語された。

英語は，新しい語を形成する場合，常に英語という言語の持つ規則に従って新しい語形成をしている。外国語が借用される場合も，無条件に借用されるのではなく，英語という言語の発音・形態の規則に適合するように手直し（例：音位転換，類推）を受けた上で借用される。そういう作業を，英語を話す人々が無意識のうちに実践し，その積み重ねで英語は変化してゆく。一般民衆は無意識のうちに，英語という言語に潜在する「英語という言語の内的規則」に従って話し，新しい語を造語し，新しい意味を生み出す。シェイクスピアのような語感に優れた作家は一般民衆のうちにみられる新しい語や新しい意味を敏感に感じ取り作品中に取りいれる。作品に取り入れられた新しい語，意味を聞いた観衆は自分の言葉に取り入れる。言語学者の仕事は，すべての一般民衆が「無意識のうちに共有している言語の内的規則」を解明することである。

以上のような原理をサピアは次のように述べている。

(21) The study of how a language reacts to the presence of foreign words—rejecting them, translating them, or freely accepting them—may throw much valuable light on its innate formal tendencies.

(ある言語が外来語に直面した時にどのような反応を示すのか—拒絶するのか，手を加えた上で受け入れるのか，それとも無条件に受け入れるのか—についての研究は，その言語に内在する形態のパタン（＝体系）の傾向に多くの貴重な光明を投ずる

場合がある）

(Sapir, *Language*, p. 197; 筆者訳)

この引用文にみられるように，新しく造語された語の形成のされ方を検討すると，その言語の内的構造がわかることがある。

auburn の形成のされ方，変化の過程にみられる現象を点検するとその過程で生じた言語現象は英語という言語の内的規則と密接に関連していることがわかる。例：音位転換の仕方，異分析の仕方。 auburn は決して，外来の発音，形態そのままの借用ではなく，英語の言語内的規則に適合するように手直しを受けて初めて英語の単語として認められるのである。そして，auburn の「白系統」から「褐色系統，とび色」への意味変化を通して，当時のイギリス民衆の色に対する好み，流行の変化をみることができるのである。この現象は，言語の外的世界と内的世界の相関関係を表している。L. P. スミスの意味変化研究の方法といえる。

また，たとえば，シェイクスピアを初例とする単語は多いが，いずれもシェイクスピアが発明したというよりは，一般大衆が無意識のうちに用いている新しい語を，言語感覚に優れたシェイクスピアが，新しい時代に必要な語であると敏感に感じ取って自らの作品中に用いた。そして，次には，逆に，一般民衆が，それをシェイクスピアに教えられる形で意識し広めてゆくのである。

引用文 (21) にみられるように，外来語に限らず，新しく造語された語，新しい意味がどのようにしての形成されるのかを検討すると，その言語の内的構造がわかることがある。この引用文は，サピアの言語史に関する最も重要な見解であるが，十分に理

解されているとはいえない。特に，ある言語が外来語に接した時には，

1. 拒絶するのか，
2. 手を加えた上で受け入れるのか，
3. 無条件に受け入れるのか，

　について の研究は，その言語に内在する形態のパタン（＝体系）の傾向に多くの貴重な光明を投ずる場合がある。

という 3 項目の意味するところを真摯に受け止めて考慮すべきである。この 3 項目は，言語学の作業として不可欠であるが，それはあくまでも言語を「文法」という既成の枠の範囲内でのことである。

auburn の形成のされ方，変化の過程にみられる現象を点検すると auburn という 1 単語の意味変化の過程で生じた諸現象は英語という言語の内的規則と密接に関連していることがわかる。例：音位転換の仕方，異分析の仕方。auburn は決して，外来の発音，形態そのままの借用ではなく，英語の言語内的規則に適合するように手直しを受けて初めて英語の単語として認められるのである。

しかし，生きた言語の真の姿を理解するためには，そしてなによりも言語のもっとも中心的な存在理由である「意味」について考察するためには中核をなす言語の文法の周辺，外辺にも文法と同等に観察の目を向けなければならない。言語変化の要因として言語の周辺，外辺の要素も重要である。auburn の「白系統」から

「褐色系統，とび色」への意味変化は，当時のイギリス民衆の色に対する好み，流行の変化をみることができるのである。この現象は，言語の内的世界と外的世界との密接な相関関係の重要さを意味している。

第9章　green-eyed はなぜ「嫉妬」するのか
—シェイクスピアの語形成法解明への試み—

はじめに

本章では，現代のイギリスの口語では日常的によく知られている green-eyed という語を取り上げてその由来と成立を考察する。シェイクスピアの語，意味の研究にはことのほか広範囲にわたる様々な知見が不可欠であることを証明する試みである。

green-eyed はシェイクスピアを初例とする。英語史における語形成法に関して，green-eyed の語源と由来が教えてくれる興味ある問題を取り上げる。現代の意味変化，語彙史の研究は，とかく専門的な英語学・言語学の限られた数の文献，辞書，注釈の範囲内での考察がなされているように思われる。意味，語彙の分野は研究対象が幅広く，理論化が難しいために，理論優先の現代言語学ではなおざりにされているようである。

語彙論，意味論の場合，共時的側面と通時的側面はいうまでもなく，言語の音声，語形，シンタックスという内的側面に加えて，言語の外的側面にも想定している以上に配慮しなければならない。[1] 音声，形態，シンタックスといった内的側面ばかりではなく，言語が生きて使われる側面への考慮が不可欠である。英語の歴史における借用語研究は，外来語というのは借用されるのが当然という前提で考えられているようである。しかし，実は，新しく誕生しようとしている語やもたらされた外来語は 1 語 1 語が英語の音声と形態の規則の干渉を受ける。そして，英語に取り入れられるか否かが決められる。言語の内的問題はいうまでもなく，言語外的な，歴史，文化，思想など人文科学のほとんどの分野が関わる複雑な問題なのである。

さらには，特にシェイクスピアは，語感に優れ，直感的に英語の内的側面を熟知していたこと，英語国民の歴史，文化にも通暁していたこと，詩的才能に恵まれ，一般民衆が実際に使っていた生きた英語の動的傾向を敏感に感じ取り，新しい時代にふさわしい英語の誕生と発展に大きな貢献をしたという点も忘れてはならない。

1. 「嫉妬」を意味する green-eyed

1.1. シェイクスピアの新造語 green-eyed

green-eyed はシェイクスピアを初出とし『ベニスの商人（*The Merchant of Venice*）』と『オセロ（*Othello*）』で計 2 回用いられている。

---

[1] 本章末尾のサピア（1921）からの引用参照（p. 183）。

(1) *Por.* How all the other passions fleet to air,
As doubtful thoughts, and rash-embrace'd despair,
And shudd'ring fear, and green-eyed jealousy!
(*The Merchant of Venice*, III.ii.107-11, Riverside Shakespeare)
(**ポーシア**：ああ，他の感情はみんな飛び去ってゆく―気がかりだった心配も，あわてて持っていた絶望，身をふるわすような不安も，緑の目をした嫉妬も！)

(2) *Iago.* O, beware, my lord, of jealousy!
It is the green-ey'd monster which doth mock
The meat it feeds on.
(*Othello*, III.iii.165-68, Riverside Shakespeare)
(**イアーゴー**：閣下，嫉妬は恐ろしゅうございますよ。こいつはいやな色の目をした怪物で，人の心を食い物にして，しかも食う前にさんざん楽しむというやつです。)（以上の下線，筆者）

引用 (2) の green-eyed jealousy に関して，英語史に関して詳しい市河三喜・嶺卓二「詳註シェイクスピア叢書」の *The Merchant of Venice* は次のように注釈している。

(3) 嫉妬の眼を 'green eye' という。Cf. *Othello,* III.iii.165-6: Oh, beware, my lord, of jealousy, It is the *green-eyed* monster.
(*The Merchant of Venice*, 3.02.110，研究社，1967，p. 173)

green eye が「嫉妬」を表すとはされているが，その由来については述べていない。

「大修館シェイクスピア双書 1」の *The Merchant of Venice* は次のように注釈している。

(4) 'of a morbid sight, seeing all things discoloured and disfigured' (Schmidt)『オセロー』3.3.160-70 に 'O, beware my lord, of jealousy; It is the green-ey'd monster ...' とあるように，嫉妬の形容によく使われる。

(*The Merchant of Venice*，大修館書店，1996，p. 137)

「green-eyed は嫉妬を形容するものとしてよく使用される。」とあるが，その由来については記述されていない。

green-eyed について，どの注釈本も green-eyed が「嫉妬」を表すということ，green-eyed が実際に使われている *The Merchant of Venice* と *Othello* の該当箇所である引用 (1), (2) には言及しているが，green-eyed が「嫉妬深い」という意味になる理由についての具体的な言及はまったくない。ほかのどの注釈書も green-eyed の由来については説明がない。

そこでまず，green-eyed が「嫉妬深い」を意味する理由をさまざまな辞書類を参照して考察する。

1.2. 辞書にみられる green-eyed

引用 (1), (2) に現れる green-eyed，green-ey'd はいささか奇異な印象を受ける。green-eyed「緑の目をした」がなぜ jealousy

「嫉妬」を形容するのか。[2]

シュミット（A. Schmidt）の *Shakespeare Lexicon* には，

(5) **Green-eyed,** of a morbid sight, seeing all things discoloured and disfigured: *g.* 【=green-eyed】 *jealousy*, Merch. III, 2, 110. Oth. III, 3, 166 (cf. *Green* adj. 2) (...)

(A. Schmidt, *Shakespeare Lexicon,* green-eyed)

とあるが，なぜgreen-eyedがjealousyと関係するのかまったく説明されておらず，問題の解決にはならない。green-eyedの定義と引用文とがうまくかみあっていない。[3] green-eyedの意味は「目を病んでいる，色が変わって見える」とあるが，引用文のgreen-eyed jealousyは目の病気を意味しているのではなく，「緑色の目をした嫉妬」を意味しており，語義の説明と適合していない。

(6) **Green-eyed,** Having green eyes; as *green-eyed* jealousy.

(*N. Webster's an American dictionary of the English language, 1st edition,* 1800)

---

[2] green + eye + -ed（＝形容詞＋名詞＋接尾辞 -ed「緑色の＋目を＋持った」）という語形そのものは英語の語形成法に適合しており問題ない。例：kind-hearted「優しい心を持った」，double-bedded「ダブルベッドを備えた」。

[3] シュミットには定義と引用文とが適合していない場合がままある。cf. 第8章「auburn—シェイクスピアの色彩語」。シュミットの不備については夏目漱石の「クレイグ先生」参照。

green-eyed を “having green eyes” としているが，「緑色の目」であれば定義と引用文の意味とが対応していない。「嫉妬に狂った目」を意味するというのであれば，green がなぜ「嫉妬深い」という意味になるのか説明が必要である。いずれにしても説明不足である。

(7) **Green-eyed,** [f. GREEN *a.* + -EYE n. + -ED^2; cf. EYED 1b.]
Having green eyes, **the green-eyed monster** (in and after Shakespeare):
jealousy. (Cf. GREEN *a.* 3.) Hence *fig.* Viewing everything with jealousy.
1596 SHAKES. *Merch. V.* III, ii. 110 Shuddring feare, and greene-eyed ielousie. **1604** *Oth.* III. iii. 166 Oh, beware, my lord, of iealousy, It is the green-ey'd Monster. **1627** MILTON (...) **1653** R. SANDERS (...) ***c* 1800** H.K. WHITE (...) **1804** *Sporting Mag.* (...) **1854** S. DOBELL (...) **1883** M.E. BRADDON (...)
(*OED*^{2}, green-eyed)（発音省略。引用文は著者と年号のみ）

「緑色の目を持つ」，「the green-eyed monster = jealousy（シェイクスピアが初出で，それ以降使われるようになった）」，このことから比喩的に「何ごとも嫉妬の目で見る」という意味の展開の説明とシェイクスピア以降の引用例はあるが，green-eyed という表現そのものの由来については説明がない。

イギリスの *OED*^{2} もアメリカの *Webster*^{1} のどちらも詳しく

説明していない。そこで，いろいろな辞書の green-eyed の項目，もしくは green の「嫉妬深い」という意味に関係があると考えられる箇所をひとつずつ検討して，なぜ green-eyed が「嫉妬深い」という意味になるのかを検証する。

(8)　1 緑色の目をした　2 嫉妬深い ‖ It (=jealousy) is the ~monster which doth mock The meat it feeds on. (*Oth.* III.iii) 嫉妬は緑色の目をした怪物で，餌食として人の心をもてあそぶ。

(『ジーニアス英和大辞典』，2001，green-eyed)

(9)　*adj.* 1 緑色の目をした．2 嫉妬深い，悋気深い (jealous) ★次の Shakespeare の句から言う：~jealousy (*Merch. V* 3.2.110) / the ~ monster 嫉妬，悋気 (*Othello* 3.3.166). 〚1596–97〛

(『研究社新英和大辞典』2002[6]，green-eyed)

green-eyed は「嫉妬深い」という意味を表し，シェイクスピアの表現に由来する，という。しかし，なぜ green-eyed が「嫉妬深い」という意味なるのか言及していない。

(10)　*adj.* [*green* and *eye.*] Having eyes coloured with green.
Doubtful thoughts, and rash-embrac'd despair,
And shudd'ring fear, *greeney'd* jealousy. *Shakespeare.*
(Johnson, *A Dictionary of the English Language*, green-eyed, 1755, rpt. 1990)

green-eyed の意味は「緑色の目をした」とあり，引用もシェイクスピアの green-eyed jealousy がある。しかし，なぜ green-eyed が「嫉妬深い」という意味なるのか説明がない。

(11) Jealous OTH 3.3.166 *the green-ey'd monster*, MV 3.2. 110.

(Onions, *A Shakespeare Glossary*, 1911, enlarged and revised by R. D. Eagleton, 1986[2])

green-eyed は「嫉妬深い」とある。しかし，なぜ green-eyed が「嫉妬深い」という意味なるのか触れていない。

(12) green-eyed [see Othello III.iii] very jealous

(*Webster's New World Dictionary*, green-eyed, 1993)

green-eyed は「とても嫉妬深い」という意味で，その代表的な例が『オセロ』の 3 幕 3 場での使用である。しかし，なぜ green-eyed が「嫉妬深い」という意味なるのかは言及していない。

ここまで，シェイクスピアの green-eyed について日，英，米の辞書と注釈書を見てきた。どの辞書，注釈書にも共通していえることは，green-eyed の意味は「嫉妬深い」である。しかしながら，なぜ green-eyed が「嫉妬深い」を意味するのかについてはどの辞書も明らかにしていない。

2.　green-eyed と「猫」—要因その 1—

2.1.　「猫」と「嫉妬」

前の章においてさまざまな参考文献の green-eyed の項を検索し，なぜ green-eyed が「嫉妬深い」という意味になるのかという記述を求めたが，どの辞書も具体的なことは何も言及していない。そこで，注釈書，辞書の類いから視野を広げて，幅広く文献を調査してみる。

現代英語では green-eyed は「猫」について用いられることが多いようなので猫との関係について調べてみる。

『英文学に現れた色彩』は green-eyed について以下のように述べている。

(13)　green-eyed は猫の目に由来するもので，昔は青ざめた顔色（greenish complexion）は「嫉妬」の現われと考えられた。シェイクスピアには green-eyed jealousy (*Merch. V.*III.ii.) という使い方もある。

（遠藤敏雄『英文学に現れた色彩』1971，pp. 52–4）

green-eyed が「猫の目に由来する」と述べられているので green-eyed の「嫉妬深い」という意味がネコ科の動物の目に由来するという記述を検討する。

(14)　**Cat** (...) dog と反対にねこはあまり人気がない。というのは，西洋ではねこ，特に黒ねこは悪魔の化身のように思われているからである。英国では黒ねこが道を横切ると一時交通が止まるくらいである。

(井上義昌編『英米風物資料辞典』1971, cat)

犬に比べて，猫は不人気のようである。

(15) Cat《俗》性悪女。catty, cattish 猫のような，抜け目のない，意地悪い；grin like the Cheshire cat 無気味な笑い

(キャロル『不思議の国のアリス』)[4]

(赤祖父哲二編『英語イメージ辞典』1986, cat)

(14), (15) によると猫は犬よりもよい動物であると思われておらず，その印象は概して好ましくない。

(16) **Cat 2** 悪い意味 a 性的に興奮し，肉欲的で，求愛の仕方が獰猛である。また肉欲のためにその優雅さを利用することから，女性的なコケットリーを意味する。エリザベス朝では，ニオイネコは肉欲の象徴だった。ネコは性交するとき雄は立ち，雌はその下に寝る。

(*Dictionary of Symbols and Imagery*, 大修館書店, 1984, cat)

性的なことについて述べられるネコは悪い印象をもたれている。

(17) (...) *cat* はまた，意地悪女をさす語であり，“a catty” remark は「悪意のある」意見という意味である。それから cat はかつていかがわしい女をさす俗語であった。

---

[4] Cheshire cat の「無気味な笑い (キャロル『不思議の国のアリス』)」についてはp. 144 参照。

(E. C. ブルーワー著『ブルーワー英語故事成語大辞典』1994, cat, p. 308)

catは「意地悪女」という意味もあり，かつては「いかがわしい女」という意味も表した。つまり，catは好ましい意味では使用されない。どの参考書より具体的な記述がブルーワーのgreen-eyed monsterの項にある。

(18) **The green-eyed monster**　緑の目をした怪物。シェイクスピアSHAKESPEAREは嫉妬をそう呼んでいる。

Iago:　O! beware my lord, of jealousy;
It is the green-ey'd monster which doth mock
The meat it feeds on.

(*Othello* 3, 3, 165–68, 引用3に同じ)

(緑がかった顔色は，かつて嫉妬を表すものであると信じられていた。緑色の目をしたネコ科動物がみな「餌食の肉をもてあそぶ」ように，嫉妬もまた愛しつつ憎むことで相手をなぶるものである。)[5]

(『ブルーワー英語故事成語大辞典』, green-eyed monster, p. 778)

green-eyedの「嫉妬深い」という意味は緑色の目をしたネコ科の動物に由来する。「嫉妬」とは，自分が愛する人を愛すると同時に

[5] 和訳文中の「餌食の肉」は「餌食」であって，「肉」は不要。シェイクスピア時代のmeatは普通「食べ物一般」を意味し，「肉」は意味しない。meatの古い「食べ物一般」という意味は現代英語のmeat and drink「飲食物」, sweet-meat「砂糖菓子」に残っている。

憎み苦しめる行為である。この「嫉妬」に類似するのがネコ科の動物の餌食に対する態度である。猫はネズミなど好物である餌食を好むと同時にもてあそび，いたぶるのである。人間の「嫉妬」と同じ行動をとる猫の特徴はその green-eyes「緑色の目」であった。よって，green-eyed は「嫉妬深い」という意味になる。

しかし，green-eyed の「嫉妬深い」という意味は「緑色」の目とはまったく関係がないように思われる。手元にある限りの注釈書や辞書も green-eyed が「嫉妬深い」という意味を表すということには言及するものの，なぜ green-eyed が「嫉妬深い」という意味になるのかということまでは言及していない。

「猫」という動物についていっそう詳しく説明しているのがゴールドスミス（O. Goldsmith）の『動物誌（*An History of the Earth and Animated Nature*）』（1774）である。

（19） 1　猫

（…）この残忍で獰猛な種族【猫の種族】は，すべて独りで食を求める。そして特定の季【交尾の季】以外は，同族同士でさえ敵なのである。(...)

彼らはみなおしなべて獰猛で，捕食性で，ずるがしこく，残忍で，仲間同士のつきあいには不向きだし，人間の幸福を向上させることもできない。(...)

猫はただ愛情の見せかけを示すだけだ。(...) 愛情の表現が本物である犬とはちがって，猫は人を喜ばせるより自分の楽しみを得ることに熱心で，しばしばただ，それにつけこむだけの目的で人の信用を手に入れる。(...)

> 仔猫はじつによくじゃれておもしろい。しかし彼らの遊びはじきに悪意に変わってゆく。そして，たいそう早いころから残忍さの素質を見せる。(...)
>
> (...) 猫がその生来の悪意を露呈してしまう特徴は数かずあるが，とらえた小さな獲物を即座に殺さず，面白半分にもてあそぶのは，その中でも最も悪名高きものである。(...)
>
> (『動物誌』1774，第 2 巻「四足獣」，玉井東助編訳，原書房，1994，pp. 29–36)

ゴールドスミスによると，猫は人間のペットとして人々には扱われているが，内心では自分のことしか考えておらず，非常に自分勝手な生き物である。また，獲物を捕らえた際，時間をかけてもてあそびながらその命を奪うという非常に残虐な一面も持っている。これらのことから，猫は，人間にとってもっとも身近な愛玩動物でありながら，実は，猫は本来自分勝手で残忍な性格の動物である。

時代はシェイクスピアより少し後になるが，猫に関する当時の人々が共通に持っていた印象を理解するために『大英百科事典 (*Encyclopædia Britannica*)』の初版（1771）の cat の項から猫の性格に関する部分（全体の 4 分の 1）を引用する。[6]

---

[6] *Encyclopædia Britannica*（1771）とゴールドスミスの『動物誌』（1774）とは内容がよく似ている。ゴールドスミスが *Britannica* を借用したのであろう。特に，「ギリシャ人修道士たちがキプロス島の毒蛇を退治するために猫に訓練を施したが，猫は訓練されなくても生来，餌となる小動物を捕獲する」という記述はそっくりそのままである。先行文献を借用することは，当時も現在

(20) 7. The CAT, (...) the character of the cat is the most equivocal and suspicious. (...) Although cats, when young, are playful and gay, they possess at the same time an innate malice and perverse disposition, which increases as they grow up, (...) Constantly bent upon theft and rapine, though in a domestic state, they are full of cunning and dissimulation; they conceal all their designs; seize every opportunity of doing mischief, and they fly from punishment. They easily take on the habits of society, but never its manners: for they have only the appearance of friendship and attachment. (...) In a word, the cat is totally destitute of friendship; he thinks and acts for himself alone. (...) The female is more ardent than the male, she not only invites, but searches after and calls upon him to satisfy the fury of her desires; and, if the male disdains or flies from her, she pursues, bites, and in a manner compels him. (...) But, it is worth notice, that these careful and tender mothers sometimes become unnaturally cruel, and devour their own offspring. (...)

(*Encyclopædia Britannica; or a dictionary of arts and sciences*, 1771, vol. II, p. 586, S. Bell and C. MacFarquhar)

(【大意】第一に，猫は他の動物に比べてもっとも素性(すじょう)の知れな

もよくあることである。

いものである。子猫の時には，じゃれてむじゃきな印象を与えるが，生まれつき備えている悪意とよこしまな気質を成長するにつれてあらわにする。家庭内で飼い慣らされた生活をしながら絶えず盗みと略奪をもっぱらにし，猫かぶりと悪がしこさに長け，しかも，邪悪な下心を徹底して隠し通す。相手に迷惑をかける機会を見逃さない上に，こらしめられるようなへまはしない。世間のきまりごとは取り込むが作法を守ろうとはしない。うわべだけは親密さと愛着を示す。一言で言えば，猫には恩愛の気持ちがまったく欠如している。雌は雄よりも激越である。自分のたくらみに，雄を巻き込んだりする。万一，雄が雌の求めを軽んじたり，疎んじたりすると噛みつき，無理にでもいうことをきかせる。しかも，わが子には手厚くやさしい雌猫であるが，時として理不尽に残虐になり自らのこどもをむさぼり食ってしまうことがある。）

現代のほとんどの注釈書，辞書の green-eyed についての説明が曖昧な中で，当時の人々が共通に抱いていた猫の性格について，*Encyclopædia Britannica*（1771）とゴールドスミスの『動物誌』（1774）とがはっきりとその理由を述べている。すなわち，green-eyed の「嫉妬深い」という意味は緑色の目をしたネコ科の動物に由来する。ネコ科の動物は自分の餌食となる小動物を弄びながら弱らせ，ついには殺して食べてしまうという習性がある。人間の嫉妬とは，相手を愛しつつも憎んで苦しめてしまうことである。猫も，好物である小動物（ネズミ）をもてあそび，苦しめてから死に至らしめて，それからおもむろに食することに快感を覚えるという点において人間の嫉妬と猫の食餌法は共通するところがある。

シェイクスピアが，このような猫の残忍な行為と嫉妬にかられた人間が犯しがちな行動との間には共通するところがあることを十分認識していたことは『ルークリースの凌辱（*The Rape of Lucrece*, 1608-09）』の次の一節からわかる。

(21) Yet, foul night-waking cat, he doth but dally,
While in his hold-fast foot the weak mouse panteth:

(*The Rape of Lucrece,* 554-55)

（しかし，彼はただ，夜中にうろつき歩く猫のように，弄(もてあそ)ぶだけだ。しかと捕らえたまま放さぬ足の下で，弱いネズミはあえぎ苦しむ。）

このことから，ネコ科の動物の green eye「緑色の目」が green-eyed「嫉妬深い」として用いられるようになったのである。また，参考文献を見ると西洋では「悪魔の化身」とされるとともに，ネコ科の動物が獲物をすぐに仕留めずに，もてあそび，徐々に弱らせる行為は「悪名高いおこない」とされるなど，総合的に猫の印象は好ましくない。さらに，母猫は敵に対しては仔猫を守ろうとするが，自分の産んだ子供を食べてしまうことすらある。猫が，家庭にあって愛玩動物として広く飼いならされている一方，その内面に非常に残虐な性質を秘めていることも暗黙のうちに人々によく知られている事実である。猫科の動物，特に猫が，その中でもメスが，生まれつき備えているこういう残虐な性質が，敵，あるいは時として友人，味方をもあざむき，裏切って意に介さないような人間，あるいはそういう人間の持つ嫉妬心をたとえて，「みどり色の目をした猫（green-eyed cat）」が「嫉妬」を意味するために用いられるのである。

猫の性格に関する（13）から（21）までの文献，特に *Encyclopædia Britannica* とゴールドスミスに詳しく述べられている猫の残虐な性格が古今東西の人々の心に焼きついているとすれば猫の性格が人間の「嫉妬心」と強く結びついていることは容易に察しがつく。green-eyed が「嫉妬」へと意味が発展する第1の要因である。

2.2.　現代英語における green-eyed

green-eyed はシェイクスピアを初例とし，シェイクスピアの用いた語の中でもとりわけ特殊な用法であると思われるが，「嫉妬深い」という意味を持ち，現代の口語英語の日常会話における基本語として定着しており広く使われている。

文学作品とは別に，一般庶民の日常的な口語に身近な表現として違和感なく用いられていることも無視できない。このことは，*OED*^{2} の green-eyed の項にある1800年以降の引用例が文学的な作品に加えて庶民的な口語体であることからもうかがわれる。[7]

現代の庶民的な口語体の英語に，green-eyed が用いられている身近な例が『イソップ物語（*Aesop's Fables*）』の一話である「ネ

[7] 1800年以前の庶民の口語体の用例が *OED*^{2} に記録されることはあまりない。

ズミの会議（*The Committee of Mice*）」に見られる。粉ひき小屋に住むネズミたちが，ネズミの被害に困った粉屋が連れてきた猫に多くの仲間を殺されて猫対策の会議を開き，猫の首に鈴を付けるという案が出されたが，誰も猫の首に鈴を付けようとしないのでせっかくの名案も絵に描いた餅に終わったという誰もが知っている話である。

green-eyed，green eyes を含む文は以下の三つである。

(22) a. Out of the bag he pulled a very large green-eyed cat!

b. Wherever they tried to hide, at least five or six mice were caught by the quiet, green-eyed cat.

c. The mice only knew she had arrived when they saw her big, shining, green eyes.

(*Aesop's Fables*，IBC パブリッシング，2008，pp. 35–40，下線筆者)

この物語は古代ギリシャの寓話作家イソップ（Æesop）の原作である『イソップ物語（*Æesop's Fables*）』の一話であり，内容は誰もがよく知っている話である。基本 1000 語以内で書かれ，新書版全 6 頁，1045 字しかないにもかかわらず，green-eyed を 2 回，green eye を 1 回，計 3 回も猫の目を修飾するために使用している。すなわち，イギリスでは green-eyed，green eye は「残虐な猫の目」を象徴する語として根づいている。この場合，green-eyed，green eye は「嫉妬」とは関係なく単に猫の残忍な性格を描写するために用いられている。また，手元の『イソップ物語』のギリシャ語原典からの直訳とフランス語訳には green-eyed cat に該当する表現は出てこないので近代イギリスのシェイクスピアを初例とする表現である。

人々がネコ科の動物に対して持っているこのような好ましくない印象が green-eyed, green eye という表現として定着していることは，人口に膾炙(かいしゃ)した *Æesop's Fables* の *The Committee of Mice* において猫を表す形容詞として繰り返し用いられていることからも明らかである。しかも，基本 1000 語で語られる英語教育の初学者向け教材である。そして，口語に広く用いられていたと思われる green-eyed, green eye が文語に頻繁に現れるようになるには 1800 年以降である。つまり，シェイクスピアの影響が文献に現れ始めた頃の作品に多くなる。同時に，*OED*[2] に引用されている 1800 年以降の文献は，広く庶民の目の届く，雑誌，新聞，大衆小説という傾向がある。[8]

ルイス・キャロル（Lewis Carroll）の『不思議な国のアリス（*Alice's Adventures in Wonderland*）』（1865）の映画（*Alice in Wonderland,* 1951, Walt Disney）を観ると，アリスがネズミ穴に落

---

[8] シェイクスピアは同じ語を多用することがなかった。たとえば，シェイクスピアが造語した転換動詞 106 語のうち，1 回きりが 74 語（70%），2 回が 18 語（17%）にすぎない。green-eyed は 2 回だけである。シェイクスピアが用いた表現は，口語，方言で後世広く活用され，作家は文学作品に利用した。現代作家の例。

> Uncle Jo is chronically glum and ill-tempered these days. I suspect the green-eyed monster; for the blue eyed monster (in other word, Miss Maunciple) has been rolling them in the direction of young Pete. A. Huxley, *After Many a Summer* (1939), II, i.（市河三喜・嶺卓二注釈, *Othello*, p. 212）。三輪『シェイクスピアの文法と語彙』第 12 章 p. 318。

ちる前の導入部に「緑色の目」をしたアリスの飼い猫ダイナが登場する。この猫は，ネズミ穴に落ちたアリスが出くわす地上の世界とはすべてがあべこべの不可思議な冒険を予感させる役割を果たしている。ダイナは，[9] 嫉妬とは関係がなく，地下世界でのアリスの不可思議な冒険を暗示するだけのようである。穴の中で，物語の中程と終盤でチェシャー猫（Cheshire cat）が突然登場する。しかし，このチェシャー猫の目は[10] 緑色ではない。映画で見るかぎり，はっきりとした黄色である。green にかなりの幅があることを意味している。しかし，キャロルのこの作品から，「緑の目をした猫」が妖しげな雰囲気作りに欠かせない要素であることが英語の口語，方言で広く認識されていることがわかる。

本節で述べてきたことから，green-eyed が猫の残虐な性質と深く関連することが明らかになった。「嫉妬」への意味の発展の第一の要因である。

---

[9] この猫は，ストーリーの中では緑色の目をしているが，映画のスタッフ一覧の画面の背景では白い目をしている。ウサギを追いかけるアリスを追ってウサギ穴に入り，アリスが深い縦穴に落下するところまで行く場面では目は薄い水色で白に近くなっている。アリスの目のほうが青い。目の色はあまり問題になっていないようである。言い換えれば，「緑」の幅が広く，白色から黄色，みどり，褐色までを意味しているようである。したがって，みる人によっては色の識別がかなり違う結果になっている。あるいは，新天地アメリカ合衆国では「みどり」の意味が忘れられているのだろうか。

[10] 胴体の縞模様は glaucoma の streaks を暗示するのであろうか。「みどりの目をしたチェシャー猫」というのは，古来より「不吉な印象の目」を暗示する「みどり色」に加えて，イギリス中部から北部地方では，異民族のケルト人の領域に接している「チェシャー州」で「不可解な」という印象を強めた。

2.3. 方言における green-eyed

シェイクスピアは，方言にみられる語，用法，意味にも敏感で，自分の作品に巧みに取り入れている。[11] シェイクスピアの出身であるウォリックシャーの隣のウスターシャーの方言に関してノーサル（G. F. Northall）の『ウスターシャー南東部語彙集』にはwall-eyedという項目があり，次のような記述がある。

(23) Wall-eyed [waul-id·, waul·-id], adj. Having an eye, the iris of which is streaked, part-coloured, or lighter in hue than the other. Although the eye is somewhat stony in appearance, vision is not affected, it is said; but animals exhibiting this peculiarity are believed to be treacherous and unreliable. In persons, 'wall-eyed' is more particularly applied to those who show an undue proportion of the white of the eye, the iris being much turned towards the outer corner of the socket.
Shakespeare's use of this word is somewhat ambiguous; but I am of the opinion that he meant to convey a sense of 'treacherous' or 'evil,' in addition to that of remarkable expression or aspect.
(G. F. Northall, *A glossary of words and phrases used in S.E. Worcestershire, together with some of the sayings, customs,*

[11] たとえば，シェイクスピアは，自らの出身地のウオリックシャー方言に特有の形容詞の「二詞一意（hendiadys）」を名詞にも拡大使用して取り入れている。三輪「シェイクスピアの hendiadys」『英語の語彙史』第12章。

superstitions, charms, &c. common in that district, 1894-6, English Dialect Society)

この引用中，眼病の症状についての記述に加えて，注目すべきは，「wall-eyed をした動物と人の性格」についての記述である。wall-eyed をした動物は「飼っている人間の信頼を裏切る，信頼がおけない (treacherous and unreliable)」と記されている。そして，人間について用いたシェイクスピアの意図した意味は，曖昧な点があるが，やはり「信頼を裏切る，あるいは悪意のある 'treacherous' or 'evil'」である。ノーサルは，シェイクスピアの『ジョン王』と『タイタス・アンドロニカス』とスペンサーの『妖精の女王』(本章の引用 (36))，その他からの 3 例を引いている。スペンサーとシェイクスピアの意味用法が方言と共通するという見解である。このことは，ノーサルが，ウスターシャー方言の意味用法がロンドンの人々に理解されている事実を証明していることになる。シェイクスピアもスペンサーも，そしてシェイクスピアの劇を観た人々もスペンサーの詩を読んだ人々も wall-eyed という語が，イギリスの歴史，文化，言い伝えを含意している語であることを知っていた事がうかがわれる。ノーサルの語彙集が出版された 19 世紀末はまだ共通語の影響が現代ほど地方に浸透していない時代なので，wall-eyed は，シェイクスピアの時代と同じようにウスターシャー南東部の方言で生きて使われていたと考えられる。また，シェイクスピアもスペンサーも方言にみられる，言葉の生きた意味用法にも注意を怠らず，歴史と伝統を伝える表現を自分の作品に取り入れた。ウスターシャー方言の wall-eyed も green-eyed 誕生への布石のひとつである（4節で詳述）。

3. green と同義語反復構文（repetitive word pairs）[12]
―要因その2―

前章までの考察から当然の帰結として誰もが抱く，肝心かなめの問題は green-eyed が green + eyed でなぜ「嫉妬」を修飾するのかということである。どの辞書や注釈書を見ても green-eyed が「嫉妬」を修飾することには言及しているものの，なぜ green-eyed という語形が「嫉妬」という意味に関連するのかということまでは触れていない。すなわち，なぜ green なのか，である。

3.1. green の意味変化

ここで，green の意味変化の概要を把握しておく必要がある。

green は遠く印欧祖語に端を発する。*OED*[2] によると，英語史にはいってからの green は，初例が英語の最初期である 700 年に始まり，発生したすべての意味は廃用とならずに現代まで生き残っている。また，意味の幅が色彩語としての「緑色」から「嫉妬深い」というかけ離れた意味まで，その幅広い意味領域を持っていることから，green は古期英語から現代英語に至るまでにさまざまな意味変化を遂げている。ここで，green が歴史的にどのような意味変化を遂げてきたのかをわかりやすくするために，ま

[12] *double expression, synonymy* (Jespersen), *doublet* (N. F. Blake) ともいう。

ず，*OED*^{2} に記載されたgreenが持つそれぞれの意味の初出年と最後に使用された年を示し，次にそれぞれの意味の推移を図で表す。

(24) greenの意味別発達

1. （黄色と青の中間の色）緑の（*a* 700~1867）
2. 青草，葉に覆われた（847~1968）
3. （病気，気分，不機嫌，恐怖，嫉妬で）顔色が青ざめた（1300~1887）
4. 緑の草，植物，野菜から成る（1460~1879）
5. 果物や植物に用いられて (a) 熟していない，(b) 未熟な，(c) 生命力に満ちた，(d) みずみずしい（*c* 1000~1884）
6. 活力に満ちた（*c* 950~1824）

†7. 若年の（1412-20~1818）

8. 未熟な，経験不足の（*c* 1300~1876）
9. 未乾燥で次の使用準備ができていない（1477~1881）
10. 生々しい，新しい（1297~1878）

(25)　green の意味変化の図

	700-1000	1100	1200	1300	1400	1500	1600	1700	1800	
1. as the colour	700									1867
2. in leaf	847									1968
3. having a pale, sickly				1300						1887
4. consisting of green herbs					1460					1879
5. unripe	1000									1884
6. full of vitality	950									1824
†7. youthful					1412-20					1818
8. immature				1300						1876
9. not ready for use					1477					1881
10. fresh, new			1297							1878

green の意味を，(A) 全体に共通する「中立的意味」，(A) から派生した相反するふたつの意味 (B)「好ましい意味」，と (C)「好ましくない意味」の三つに分類して表にまとめると以下のようになる。

(26)　意味の分類表

基本的，中立的意味 (1, 2, 4)	基本的，中立的意味 (1, 2, 4)
	↳好ましくない意味 (3, 5, 8, 9)
	↳好ましい意味 (6, 7, 10)

*OED*² による green の意味変化の概要には以下の特徴がある。第一に，初例が 700 年に始まり，ほとんどの意味は現代まで生き残っている。第二に，意味の幅が色彩語としての「緑色」から「嫉

妬深い」というかけ離れた意味，あるいは「未熟な」から「生命力に満ちた」という，相反する意味まで非常に幅広い意味領域を持っている。第三に，「基本的意味」であり，かつ「中立的意味」である 1, 2 は古期英語に初出し現代まで用いられている。「好ましくない意味」である 3, 5, 8, 9 は 1300 年頃に初出し現代に至る。「好ましい意味」は 6, 7, 10 である。好ましい意味のうちでも 6 はごく初期の頃（950 年）から用いられている。好ましくない意味 3 の初例もまもなく現れている（1300 年）。「中立的」意味，「好ましい」意味，「好ましくない」意味の三者は最初期から現代まで常に輻輳（ふくそう）して用いられてきた。第四に，green という 1 語が「中立的」，「好ましい」，「好ましくない」という 3 種類の輻輳した意味が不都合なく使い分けられてきた。不都合なく使い分けられるためにはそれなりの識別法が不可欠である。

(27) 全体的に意味の識別は文脈で明らかである。

a. 「中立的意味」1, 2, 4

The poor soul sat at sighing by a sycamore tree,
Sing all a green willow; (*Othello*, 4.3. 42)
（いとしあの子は吐息して，シカモの陰にただひとり青柳のうたうたいましょ）

b. 「好ましくない意味」3, 5, 8, 9

the text is old, the orator too green,
Therefore in sadness, I will away; (*Venus*, 806-7)
（話題は古びている，話し手はあまりにも若い，だから，今こそ悲しみのうちに，ここを去ろう）

文中のgreenが「好ましい意味」なのか「好ましくない意味」なのか，それとも「中立的な意味」なのかは共起する他の語から推測できる。(27a) ではwillow「柳」から「中立的な意味」，(27b) はsadness「悲しみ」からgreenは「好ましくない意味」とわかる。

3.2. シュミットとgreenの同義語反復構文

引用 (27b) の「好ましくない意味」の特に*OED* 3.aの意味は，「(病気，気分，不機嫌，恐怖，嫉妬で) 顔色が青ざめた」という意味をはっきりさせるために同義語反復構文をとることが多い。この構文は中期英語以降の口承文芸にいくつかの例が見られる。greenが「嫉妬で顔色が青ざめた」という意味で一般民衆に広く用いられていたことは後出の引用 (32) の中期英語の『ハヴェロック (*Havelok*)』の例からもうかがわれる。[13] また，greenの「好ましくない意味」として記述されているシュミットの*Lexicon*のGreen adj. 2) の項はすべてgreenを含む同義語反復構文の説明と例である。green and yellow, pale and sallow, green and wan, etc. という同義語反復構文が「(不機嫌，病気，恐れ，嫉妬のために) 顔色が悪い」(*OED*[2] 3.a) ことを表すことは英語に根づいており，シェイクスピア劇の観衆も熟知していた。ここにgreen-eyedという語形で「嫉妬」を意味することが容易に受け入れられる条件が整っていた。シュミットの*Lexicon*, Green, adj. 2の項を引用する。

---

[13] 博学のスペンサーはこのことを知っていたと考えられる。

(29) **Green**, adj. 2) of a sickly and lurid complexion (cf. Green sickness):

① *with a green and yellow melancholy* (Tw. II.4.116)

② her vestal livery is but sick and green (Rom., II.2.8)

③ to look so green and pale at what it did so freely (Mac. I.7.37)

(Schmidt, *Lexicon* 中の *g.* を green に，引用文を改行，下線と番号表示①～③を加筆)

シュミットの記述から，green が「好ましくない意味」で用いられる場合は同義語反復構文で用いられるので「好ましくない意味」と判断できる。[14]

3.3. *OED*² 3.a の記述と green の同義語反復構文

また，*OED*² の green 3.a の語義説明が，「嫉妬」を意味する green-eyed を示唆している。この場合の記述も引用文も green の「好ましくない意味」を中心に展開する。

(30) *OED*² の green の項のうち，関連する 3.a を引用する（シェイクスピア以外の引用文は関連語句のみ）。

3. a. Of the complexion (often ***green and wan***, ***green and pale***): Having a pale, sickly, or bilious hue, indicative of fear, jealousy, ill-humor, or sickness. (Cf. Gr. χλωρός green, pale.) So ***the green eye***, the eye of

---

[14] 語単独ではなく使用されている文脈への配慮も重要な要件である。

jealousy (cf. GREEN-EYED *a*.). See also GREEN SICKNESS.

***a*1300** (grene and wan)

***c*1300** (grene and bleike)

***a*1310** (The duke waxed grene)

1525 (pale and grene)

1605 SHAKES. *Macb.* I.vii. 37 Was the hope drunke, Wherein you drest your selfe? Hath it slept since? And wakes it now to looke so greene, and pale, At what it did so freely?

***a*1650** (pale and grene)

1701 (green consumptive Minds)

1789-94 (greene and pale)

***a*1845** (green eye)

1863 (green with jelousy)

1887 (still looking very green)

(OED^2, green, 下線筆者)

引用文11例のうち6例が同義語反復構文であり，それ以外の文も文脈から「好ましくない意味」とわかる。OED^2 の3.aは，なぜgreenが「嫉妬」を修飾するのかという問いには答えていない。しかし，OED^2 の3.aの記述からわかることがある。

第一に，greenには「緑色の（green leaf)，若々しい（green in spirit)」いう良い意味から，「未熟な（green sailor)，青ざめた，病的な（green with fear)」という好ましくない意味までいろいろな意味があり，相反する意味もあるので，個々のgreenの意味は文脈によって特定することができるようになっている。[15]

第二に，本稿の問題に関連する，*OED*^{2} の“3.a Having a pale, sickly, or bilious hue, indicative of fear, jealousy, ill-humor, or sickness.「青白い，病的な，（胆汁過多による）気むずかしい表情をしている：恐怖，嫉妬，不機嫌，あるいは病気をうかがわせる」”という意味を表す場合，green and wan「病弱な」もしくは，green and pale「青白い」という「green and ○○」という形を取る。これは「同義語反復構文 (repetitive word pair)」[16] と呼ばれ，その使用目的は以下の三つがある。[17]

（31） 同義語反復構文の使用目的

1. 一方の語の意味が多義で曖昧な場合，同じ意味を表す別の語を and で併置することによって意味を特定できる。green and wan もしくは，green and pale とすれば，併置された wan，pale によってこの場合の green の持つ多くの意味のうちでも「青白い顔をした」と特定できる。

---

[15] 英語の green はどちらかというと「みどり」から「白」に近いようである (pale，white)。これに対して，日本語の場合，「青」から「黒」に近いようである（「青馬」，「青毛」，「みどりの黒髪」）。

[16] 三輪『シェイクスピアの文法と語彙』第 15 章「キャクストンの同義語反復構文」，『英語の辞書史と語彙史』第 11 章「形容詞の多義性と文法化」。

[17] ただし，シェイクスピアは似て非なる「二詞一意 (hendiadys)」という特殊な構文も活用しているので注意が必要である。e.g. shelves and sands (“sandy shelves” *Lucrece*, 335), night and negligence (“negligence at night” *Othello*, 1.1.76). 現代英語の例：nice and warm, fine and pleased. 三輪「シェイクスピアの hendiadys」（『英語の辞書史と語彙史』第 9 章）。

2. 一方の語が新奇の外来語である場合，わかりやすい本来語を併置することによって理解を助ける：accomplishment（古フランス語）and fulfilling, mind and purpose（アングロ・フレンチ），turn and translate（ラテン語），fruitful and profitable（古フランス語）。以上，モア（Thomas More）から。
3. ルネサンス期に学者が古典を英語に翻訳する際に，有益と思われる外国語を英語に取り入れようとして意図的にこの構文を利用した：grace（フランス語）and love, hard and difficile（フランス語），true and correcte（ラテン語）。特に，キャクストン（W. Caxton）が多用した。

同義語反復構文の一例として *OED*[2] に引用されている文を原典（*Havelok, c*1300）から引用する。

(32) Godard herde here wa—
Þer-offe yaf he nouth a stra,
But tok Þe maydnes boÞe samen
Al so it were upon his gamen,
Al so he wolde with hem leyke
Þat weren for hunger grene and bleike.
（ゴダードは子供たちの嘆きをききましたが，
それをわらしべ一本ほどにも気にとめず，
飢えのため血の気も失せて土気色のふたりの娘を，
まるで戯れのように—

まるで娘たちと遊ぼうとするかのように
一緒につかまえました。)

(*Havelok*, ll.465-470, ed. by G. V. Smithers)

この文中の grene and bleike が同義語反復構文であり，“green and white” を意味し，「白い」を意味する bleike（< ON bleik-r “white” cf. blac, blake）が対語に用いられている。このことから green は pale「青白い」よりも程度の強い「土気色＝死人の顔色」を表す。[18] また，green が「土気色」という意味で用いられている『ハヴェロック』という作品は，『ハムレット』と同じく古ノルド語が話されていたデンマークが物語の主たる舞台であることから古くからの表現であることがわかる。この引用文は，猫が獲物を捕まえた時に示す行動を思わせる。

第三に，the green eye の場合は，grass や leaf ではなく，eye という特定の語に前置されることによって「嫉妬に狂った」を意味するとわかる。

第四に，*OED*[2] 3.a にあげられている意義説明（a pale, sickly, or bilious hue, indicative of fear, jealousy, ill-humor, or sickness）と引用例は，green が「病的な，青白い」という意味から「嫉妬に狂った」へと推移してゆく過程をたどっているように読める。

3.4. シェイクスピアの green の同義語反復構文の実例

シェイクスピアにおける「恐怖，嫉妬，不機嫌，(病気を表す) 青

---

[18] 三輪『英語の語彙史』第 10 章「*Havelok the Dane* の色彩語」pp. 141f.。

ざめた，病的な，不機嫌な表情」という意味の green について考えてみる。

The Harvard Concordance to Shakespeare の掲載順に実際にシェイクスピアが使用した green のうち *OED*[2] の green 3.a に該当する 4 例を取り上げて検討する。

(33)　*OED*[2] の green 3.a に該当する例

a.　green indeed is the color of lovers;　(LLL 1.02. 86)

（なるほど。青は，恋人たちの色じゃ。）

この箇所に関する研究社（1967）の注釈。

「緑は恋する者たちの色」いわゆる green sickness への言及。

(*Love's Labour's Lost*，研究社，1967，p. 140)

(33) b.　and with a green and yellow melancholy

(TN 2.04. 113)

（悩み，青ざめ，憂いにやつれながらも，）

研究社（1967）と The Riverside Shakespeare の注釈。

"green" = pale, sickly

(*Twelfth Night*，研究社，1967，p. 150)

green and yellow: pale and sallow

(*Twelfth Night*，The Riverside Shakespeare, p. 420)

研究社（1967）と The Riverside Shakespeare によると，この green は「青白い，病的な」を表している。また，The New Cambridge Shakespeare には以下のような注釈がある。

The pallor typical of a melancholic lover, according to Jaques Fernand's Erotomania, is either a mixture of white and yellow or of white, yellow and green (French edn. 1612, trans. 1640, p. 121, quoted in Lawrence Babb, *The Elizabethan Malady*, 1951, p. 136).

(*Twelfth Night*, The New Cambridge Shakespeare, p. 86)

色情狂によって顔色が悪くなっている状態を表す語は白，黄色，緑の混合によって表される。したがって，顔色について green を用いる場合は「青ざめている」と解釈される。[19]

(33) c. her vestal livery is but sick and green, (ROM 2.02. 8)
(月の処女のお仕着せは，病に蒼ざめた緑の色に決まっている)

この箇所については，研究社 (1967) と The Riverside Shakespeare に以下の注釈がある。

sick and green = pale green. "sick" = of a sickly hue, pale.

(*Romeo and Juliet*，研究社，1967，p. 183)

Alluding to a king of anemia called "the green-sickness," supposed to be found in unmarried girls.

(The Riverside Shakespeare, p. 1068)

---

[19] green が either a mixture of white and yellow or of white, yellow and green「白と黄，あるいは白，黄，みどりの混ぜあわさった顔色の悪さ，青白い顔色」を意味する。つまり 「みどり色」がいわゆる「緑色」より薄いのである。

研究社（1967）と The Riverside Shakespeare の注釈によると，sick and green とは pale green のことであり，まだ結婚していない思春期の少女に見られる貧血症（anemia）のことである。つまりこの sick and green は顔色が「青ざめた，蒼白の」である。

(33) d.　And wakes it now, to look so green and pale

(MAC. 1.07. 37)

（いまは見るだけで顔がまっ青になる）

この箇所については，The Riverside Shakespeare に green: sickly とあるようにこの green は「（人，顔色などが）病弱な，青ざめた，蒼白の」である。

green の「恐怖，嫉妬，不機嫌，（病気を表す）青ざめた，病的な，不機嫌な表情」という意味は「嫉妬に狂った」と密接に関連することがうかがわれる。「嫉妬」への第二の要因である。

3.5.　まとめ

以上，3.1 節から 3.4 節にわたって green の同義語反復構文に関して，シュミットの Green, adj. 2）の記述，*OED*^{2} 3.a の記述，それに，シェイクスピアにおける green を含む同義語反復義構文について論じてきたことは，以下のように結論することができる。

シュミットも *OED*^{2} 3.a も green が「好ましくない意味」で用いられるのは同義語反復構文においてであることを記している。シェイクスピアにもその傾向が顕著である。実は，遠い昔のゲルマン祖語の時代から英語に受け継がれてきた green の「好ましくない意味」がこの構文の背景にあるように思われる。アングロ・サクソン人の大陸時代の故地 (Heimat) に隣接するデンマークを主たる舞台として展開する中期英語期の『ハヴェロック』(1300) からの引用 (32) にも現れている。そして，シェイクスピアにも顕著にみられることは，シュミットと *OED*² 3.a の記述に明瞭に読み取ることができる。シェイクスピアに用いられた「好ましくない意味」合計 4 例のうち 3 例はこの同義語反復構文に用いられている。*OED*² 3.a にあげられている意味と引用例は，green が「病的な，青白い」という意味から「嫉妬に狂った」へと推移してゆく過程をたどっているように読める (a pale, sickly, or bilious hue → indicative of fear, jealousy, ill-humor, or sickness)。引用例も 11 例中 6 例が同義語反復構文であり，さらにもう 1 例は，green with jealousy である。green の「好ましくない意味」には pale, sickly に始まり jealousy に至る過程のすべてが含意されていると考えられる。

4. grey-eyed，whall eyes，wall eyes から green-eyed へ —要因その 3—

猫の性格を中心に，外堀を埋めるような証拠から，猫が残忍な性癖をもち，嫉妬という意味に結びつきやすいということは諸家の認めるところである。しかし，これだけではどうしても隔靴掻痒の感を免れない。そこで言語としての近代英語とシェイクスピアという言語感覚に優れた詩人に視点を限定して，文献資料を再検討して，なぜ green-eyed が「嫉妬」を形容して使われるようになったのかを考えてみる。

まず，ひとつの手がかりとして，シェイクスピアの英語に，green-eyed に類する表現がほかにもあるかどうかを調べるために『シェイクスピア逆引辞典』[20] によって形態の類する語を検索してみる。シェイクスピア全作品の中で -eyed を有する語は16例ある。sad-eyed，fire-eyed，blue-eyed，young-eyed，thick-eyed，dark-eyed，evil-eyed，wall-eyed，dull-eyed，green-eyed，open-eyed，onion-eyed，sour-eyed，hollow-eyed，grey-eyed，dizzy-eyed である。そのうちシェイクスピアを初例とする語は全部で 4 例である： fire-eyed，young-eyed，green-eyed，grey-eyed。16 語のうちほとんどはその意味は簡潔で明らかである。その中から green-eyed と green-eyed に関連し，しかも意味が不明瞭な 2 語をとりあげて考察する。grey-eyed，wall-eyed である。

4.1. grey-eyed

OED[2] の grey-eyed の初例となっている，*Romeo & Juliet* (1594-95) からの一文をまず引用する。

(34)　The gray ey'd morne smiles on the frowning night,

(*Rom. & Jul.* II.iii.1)

（薄墨色の目をした朝が，夜のしかめ面に微笑（ほほえ）みかけ。）

次に，grey と eye が同一文中に現れる 3 幕 5 場 19-20 から引用

[20] unpublished.

する（下線筆者）。

(35) I'll say yon grey is not the morning's eye,
'Tis but the pale reflex of Cynthia's brow;
(*Rom. & Jul.* III.v.19-20)

（あのほの明かりも朝の瞳ではない，月の女神の面からの，
ただ蒼白い照り返しだとしておきましょう）

後世，grey-eyed を踏襲した詩人は，Eachard (1670)，Gay (1670)，Tennyson (1830)，Palgrave (1871) である。これらはすべて文学的な詩文であって，一般庶民の口語ではないことに注意する必要がある。つまり，grey-eyed は，雅文風の詩には利用されても一般庶民の日常的な口語には使われてはいない。

(34) と (35) の引用文中の The gray ey'd morne と grey is not the morning's eye は「嫉妬」とは直接には関係しない。しかし，(34) の grey-eyed はシェイクスピアが初例であることと，同じ文中には関連しあって連想を容易にする素材となる gray，eye (*Rom.* II.iii.1) と grey，pale，eye (*Rom.* III.v.19-20) が共起していることには注意が必要である。また，この場面の前後には，green-eyed 形成への素材となる語句がいくつも見いだされる。frowning，burning eye，grey-eyed ; grey，pale，morning's eye，brow といった語が繰り返し用いられて green-eyed (=jealousy) が生み出される環境作りをしている。語単独ではなく，当該単語の用いられている文脈への配慮も語の意味変化研究には不可欠の要件である。

さらに，*OED*[2] が grey-eyde (34) と並んであげているスペン

サーの一句。

(36) Having grey-eyes.
1596 Spenser *F. Q.*【*Faerie Qveene*】iv. xi. 48 The gray-eyde Doris. (*OED*[2], gray-eyed)
(灰色の目をしたドーリス)

に現れるgray-eydeも「嫉妬」とは一見したところではまったく関係ない。しかし，スペンサーのgray-eydeと同じ文中に「緑の髪で飾られた美しい乙女」(注25参照) が用いられており，green, grey, eyeが共鳴しあっていることに注意すべきである。シェイクスピアは当時評判であったスペンサーの*F. Q.* (*Faerie Qveene*『妖精の女王』Bk. I～III, 1590; Bk. I～VI, 1596) を読んでいたことであろう。したがって，スペンサーのwhally eies (the signe of gelosy[(sic)]) (*F.Q.* I, iv, 24) とThe gray-eyde Doris (*F.Q.* iv. xi. 48) も影響を与えていることであろう。[21]

注目すべきことは，*Rom.* ii. iii. 1のgray ey'd (morne) はシェイクスピアが初例である。[22] したがって，鋭敏な語感と天賦の詩才を持つシェイクスピアが，自分自身の独創になる新語，新語法であるgray ey'd morne (*Rom. & Jul.* ii.iii.1), grey is not the morning's eye (*Rom. & Jul.* iii.v.19-20) に加えて，スペンサーの

[21] すでに1579年出版の*The Shepheardes Calender*はシェイクスピアも賛辞を惜しまず，一般読書界でも詩人として名声を得ていたスペンサーの*Faerie Qveene* (Bk. I～III, 1590; Bk. I～VI, 1596) をシェイクスピアが読んでいないはずはない。細江注釈版，pp. xxviif.。

[22] 上記参照。cf. Onions, *Glossary*, p. 97。

gray-eyde Doris といった語形から green-eyed という語形に，はるか遠い昔から green，grey に込められていた「嫉妬」の意味を織り込むことはごく自然な結果であろう。*OED*^{2} に記されているような徐々の意味変化に，素材となる gray，eye，gray-eyde，pale，sick(ly)，green といった *Rom. & Jul.* (1594-95) で用いられた語，語形に天才詩人シェイクスピアの感性から生じる「ひらめき (inspiration)」が触媒作用して，green-eyed という新語が誕生するのはもはや時間の問題であろう。

green-eyed は *Romeo & Juliet* (1594-95) の 2 年後の *The Merchant of Venice* (1596-97) と 10 年後の *Othello* (1604-05) で各 1 回用いられている。これが英語史における green-eyed の初出である。改めて引用する。

(37) *Por.* How all the other passions fleet to air,
As doubtful thoughts, and rash-embrace'd despair,
And shudd'ring fear, and **green-eyed** jealousy!
(*The Merchant of Venice*, 1596-7, III.ii.107-11, Riverside Shakespeare)
(ああ，他の感情はみんな飛び去ってゆく—
気がかりだった心配も，あわてて持っていた絶望も，
身をふるわすような不安も，緑の目をした嫉妬も！)

(38) *Iago.* O, beware, my lord, of jealousy!
It is the **green-ey'd** monster which doth mock
The meat it feeds on.
(*Othello*, 1604-5, III.iii.165-68, Riverside Shakespeare)

(閣下，嫉妬は恐ろしゅうございますよ。

こいつはいやな色の目をした怪物で，人の心を食い物にして，

しかも食う前にさんざん楽しむというやつです。)

「こいつはいやな色の目をした怪物で，人の心を食い物にして，しかも食う前にさんざん楽しむというやつです。」という表現は猫に関する *Encyclopædia Britannica* とゴールドスミスの『動物誌』の記述と酷似している。『動物誌』の「とらえた小さな獲物を即座に殺さず，面白半分にもてあそぶのは，その中でも最も悪名高きものである。」を思いおこさせる。さらには中世の叙事詩『ハヴェロック』を思い起こさせる（引用 (32)）。

Othello, III.iii.165-68 の前後に，green-eyed jealousy を確実に印象づけるために jealousy という語が 5 回も用いられている。[23]

4.2.　wall-eyed と whally-eyed—ネアズ（R. Nares）の記述—

ここまで，green-eyed を，当然のことながら，green，eye，-ed という本来語 2 語と接尾辞 -ed からなる合成語とみなして考察してきた。しかし，『シェイクスピア逆引辞典』にある計 16 の -eyedを後半の要素に持つ語を調べてみると意外なことがわかってくる。問題の語は wall-eyed である。

シュミットは以下のように記している。

---

[23] 『オセロ』の登場人物の名前は暗示的である：**Iago** = **ego**，**Othello** = o + the + **hell** + o (O/Oh + the + hell)，**Desdemona** = des + **demon** + a（cf. デカルト: René Descartes= René des Cartes = カルト家のルネ），Daniel Defoe=Daniel + de + foe = 馬鹿のダニエル)。

(39) **Wall-eyed**, glaring-eyed, fierce eyed: *wall-eyed wrath or staring rage*, John IV, 3, 49. *say, wall-eyed slave*, Tit. V, 1, 44. (As for the origin of the expression, Nares observes: *Whally,* applied to eyes, means discoloured, or, what are now called wall-eyes; from *whaule*, or *whall*, the disease of the eyes called glaucoma).

(Schmidt, *Sh. Lexicon*, Wall-eyed，下線筆者)

【大意】 wall-eyed「にらみつける目，激怒した目」という意味：wall-eyed wrath or staring rage（『ジョン王』IV.3. 49）と，say, wall-eyed slave（『タイタス・アンドロニカス』V, 1, 44）の 2 回。[24] この語の語源について，ネアズ (Nares) は，「目について用いられた whally は「変色した目」あるいは現在の「wall-eyes（角膜白斑，緑内障）を意味する。（whally は）whaule あるいは whall が語源」と述べている。

シュミットに言及されているネアズの辞書（Nares, 1852）の whally を参照すると以下のように記されている。これが wall-eyed に関しての最初の詳細な記述である。なぜ green-eyed が「嫉妬」を意味するのかがネアズの記述からうかがうことができる。関連する，冒頭から 3 分の 2 を引用する。

[24]『タイタス・アンドロニカス』のこの箇所も the incarnated devil「悪魔の化身」，the base fruit of her burning lust「彼女の燃えさかる情欲」，This growing image of thy fiend-like face「だんだんと大きくなってゆく悪鬼のような形相」（V.I.40-45）といった台詞が繰り返されていて暗示的である。

(40) **WHALLY**, *a*.,

① applied to eyes, means discoloured, or, what are now called *wall-eyes*;

② from *whaule*, or *whall*, the disease of the eyes called *glaucoma*.

③ Applied to jealousy, in the following instance, it seems to mean *green-eyed*, which is the usual description of that passion.

④ The poet describes Lust, as riding

Upon a beaded gote, whose rugged heare
And *whally* eies (the signe of gelosy)
Was like the person selfe. *Spens. F.Q.* I, iv, 24.

⑤ Upton, and all the commentators, explain it streaked, from *wala*, Saxon; whence also a *wheal*, or *wale*, the mark of a lash on the skin. Not conceiving, however, how *streaked* eyes were at all characteristic of jealousy, I had conjectured that *wall-eyed* must be meant;

⑥ when I found this remarkable proof of it, given by my friend Todd, under *Walleye*, in T.J. "This word is not written *wall*, but *whall*, in our old language;" (...)

(R. Nares, *A GLOSSARY; OR, COLLECTION OF WORDS, PHRASES, NAMES, AND ALLUSIONS TO CUSTOMS, PROVERBS, ETC,* (...) 1852，下線筆者；下記の説明のために

番号①～⑥を挿入）

【大意】 ① 「(目が) 濁った」病気，現在の wall-eyes。

② 「緑内障 (glaucoma)」と称される病気である whaule, whall に由来。

③ 次に引用するスペンサーからの引用文にみられるように「嫉妬 (green-eyed＝jealousy)」を修飾する常套句。

④ スペンサーの一節は「gote (好色の象徴) → Lust (肉欲) → green-eyed (「嫉妬」の象徴) → whally eies (the signe of gelosy「嫉妬の兆候」) → the person selfe (肉欲が嫉妬を誘発する＝人間そのもの)」と連想させている。riding も suggestive である。[25]

⑤ スペンサーの *Faerie Qveene* I, iv, 24 に関して，アプトン他すべての注釈者が，語源は古サクソン語の walla で streaked「筋模様のついた」を意味し，「肌についたムチのあと」を意味する *wheal*, *wale* に由来するとしている。

⑥ トッド (H. J. Todd) によれば，古サクソン語に由来する whally (“green”) が gelosy (the signe of gelosy) を意味する。それが英語に借用されて whally eies (“gelosy=jealousy”) となった【スペンサーはこのことを知っていて *whally* eies＝

---

[25] E. Partridge, *Shakespeare's Bawdy*, 1947, 1990, p. 175.

(the signe of gelosy) と書いた】。

ネアズの記述によると，現在，馬の目の病気に特定されている wall-eyed の元の形は whaule-，whall-eye である。その語源は古サクソン語の walla “streaked「筋模様のついた」” である。ゲルマン人の世界では，古来「山羊」が「好色」を象徴すること，虹の色が６色とされていることと並んで，古サクソン語の *whally* eies は「嫉妬 (gelosy)」を意味することをスペンサーは知っていて用いたが，[26] 念のために *whally* eies (the signe of gelosy) と説明を加えた（下線筆者）。

Titus Andronicus (1593–94)，*King John* (1596–97) の wall-eyed と *Romeo and Juliet* (1594–95) の gray-eyed（2回）という実験的な語を使ったが目指すほどの効果を得られなかった[27] シェイクスピアは，同じ時期に発表されたスペンサーの whally eies (the signe of gelosy) に触発されて，*Titus Andronicus*, *King John* の wall-eyed，*Romeo* の gray-eyed を，スペンサーの whally eies (the signe of gelosy) の whally を green に取り替えて合成することによって green-eyed を造語した。このことはシェイクスピアが，自らの繊細な語感，天賦の詩才に加えて，古典の作品のみならず，古来，ヨーロッパ，ゲルマン世界に受け継

[26] 次に続く *F.Q.* I, iv, 25, 217 の，‘In a greene gowne he clothed was full faire,’ に関する細江注 (p. 370) に「greene gowne「緑」は嫉妬の色であり又淫慾の色である。」とある。下線筆者。

[27] wall-eyed では「壁の目を持った」を解釈されて，せいぜい「漆喰の（白い）色の目」という意味にしかならない。gray-eyed では「灰色の目」，あるいは「黒い目，青い目，クマのある目」などと曖昧になってしまう（三輪『シェイクスピアの文法と語彙』第10章)。

がれてきた民間伝承，スペンサーなど同時代の作家・作品，近代社会になって台頭する一般庶民の活力のある口語，さらには伝統の香り豊かな中部，北部方言をも幅広く，注意深く観察していたことを証明している。[28]

社会，文化，歴史，流行といった種々雑多な要素に加えて，研(と)ぎすまされた語感を駆使して，もっとも基本的な 1 音節の本来語のひとつである green を登用するという簡潔無比な形態に過去にない新鮮で，深遠な意味を凝縮させたのが green-eyed であり，シェイクスピアの究極の語形成法である。[29]

4.3. whally-eyes から green-eyed へ
—スキート（W. W. Skeat）の記述—

スペンサーが使ったのは whally-eye である。では，なぜ whally-eye がシェイクスピアでは green-eyed になったのか。

この件に関しては，ネアズ (1852) の後，スキート (W. W. Skeat) が，当時成長著しかった印欧比較言語学の知見を加味して記述している。スキートの語源辞典（1879～82, rpt. 1978）の

[28] 本書第 8 章「auburn：シェイクスピアの色彩語」。

[29] 詩人チョーサー (1340?-1400?)，辞書編纂家コケラム (flourished, 1623-58)，哲学者 F. ベーコン（1561-1626）とシェイクスピアそれぞれが考案した新語を比べるとシェイクスピアの卓越した才能がよくわかる。しかし，シェイクスピアを初出とする多くの新語，新語義が庶民の間ですでに使われていたことは記憶にとどめておくべきである。green-eyed もその例である。シェイクスピアを初出とする語彙集は，McQuain & Stanley Malles, *Coined by Shakespeare: Words & Meanings First Penned by the Bard*, 1998 があるが，網羅的な研究書が国内で出版されている：『シェイクスピアの新語，新語義の研究』岡村俊明，1996，渓水社。

wall-eyedの項から関連部分を引用し，読みやすくするために引用文に①～⑧の番号を付し，行替えをして，補足説明（【　】）を加えて解説する。

(41) **WALL-EYED**, with glaring eyes, diseased eyes.

① (Scand.)

② 【wall-eyed】 In Shak. K. John, iv. 3. 49, Titus, v. I. 【sic】 44.

③ Spenser has whally eyes, F.Q. I. iv. 24.

④ '*Glauciolus*, An 【sic】 horse with a *waule eye*;' Cooper's Thesaurus, ed. 1565.

⑤ Nares writes it *whally*, and explain it from *whaule* or *whall*, the disease of the eyes called *glaucoma*; and cites: '*Glaucoma*, a disease in the eye; some think it to be a *whal eie*;' A. Fleming's Nomanclator, p. 428.

⑥ Cotgrave has : '*Oeil de chevre*, a *whall,* or over-white eye; an eie full of white spots, or whose apple seems divided by a streak of white.'

⑦ But the spelling with *h* is wrong.
ME. *wald-eyed,* Wars of Alexander, 608;
wolden-eighed, King Alis. 5274.
Also *wawil-eyed*, Wars of Alexander, 1706.

⑧ Icel. *vald-eygðr,* a corrupted form of *vagl-eygr*, wall-eyed, said of a horse.—Icel. *vagl,* a beam,

> also a beam in the eye, a disease of the eye (as in *vagl ā auga*, a wall in the eye); and *eygr, eygðr,* eyed, an adj. formed from *auga*, the eye, which is cognate with E. 【=English】 **Eye.**
>
> (W. W. Skeat, *An Etymological Dict. of the Eng. Lang.*, 1910[4], rpt. 1978)

スキートの WALL-EYED を訳述する。

(42) ① 語源はスカンディナビア語【Old Norse=古ノルド語】

② wall-eyed としてシェイクスピアの *King John*, iv. 3. 49, *Titus Andronicus*, v. I. 44. に用いられている。

③ スペンサーに whally eyes として，*Faerie Qveene* (1590, 1596) にある (I.iv.24)。

④ クーパー (Cooper's *Thesaurus*, 1565 版) に '*Glauciolus*, An horse with a *waule eye*;' として掲載。

⑤ ネアズ (Nares) は *whally* と綴り，*whaule* あるいは *whall* が語源とする。意味は *glaucoma* という目の病気。そして，フレミングの '*Glaucoma*, a disease in the eye; some think it to be a *whal eie*;' (A. Fleming, *Nomanclator*, p. 428) を引用している。

⑥ コトグレイブの仏英辞典 (1611) にはフランス語 *Oeil de chevre* に英語の a *whall* と記されている。

⑦ 以上の wh- 形は間違いで，以下に *-h-* のない正しい

例【この件については次の「結論」で論じる。】

⑧ 語源は，アイスランド語の *vald-eygðr*（*vagl-eygr*, wall-eyed）のなまった形。馬の病気について用いる。アイスランド語の *vagl* は「縞模様，目に生じた縞模様，目の病気」；*eygr*，*eygðr* は auga（目）の形容詞で英語の eye と同じ語源。

この引用文中で特に注意すべきは，③である。③の Spenser, *F. Q.*【*The Faerie Qveene,* 1590 (Bk. I～III)，1596 (Bk. I～VI)】Bk. I. iv. 24 の前半４行は以下のようになっている。

(43) Bk. I. iv. XXIV
And next to him rode lustful Lechery,
Vpon a beaded Goat, whose rugged haire,
And whally eyes (the signe of gelosy,)
Was like the person selfe, whom he did beare:
(Spenser, *The Faerie Qveene*, BK. I.iv.24，細江注釈版，1929，p. 59，下線筆者)
(その次に進むのは，淫らな好色（レチェリー）で，
髪をはやした山羊に乗っていたが，この山羊の
もじゃもじゃの毛と白く濁った目（嫉妬の印）は，
乗せている人物にそっくりだった。)
(和田勇・福田昇八訳『妖精の女王』p. 54)

BK. I. iv. 24 の Goat には「古来，山羊は好色な動物」，whally eyes には「白く濁った目とは，猜疑心のため，絶えずくるくると

回る嫉妬の目のこと」，さらに，iv. 25 の「この男は緑の衣を美しく着こなして」には「緑色は嫉妬・淫欲の色」という訳注がある（和田・福田訳，p. 63）。古来，「山羊」は好色の印，「白く濁った目」は嫉妬の印と信じられてきたことがわかる。

そして，細江逸記は以下のような注釈を残している。

(44) 209. **a bearded Goat** 昔から山羊は好色のものとせられた。

210. **whally eyes**=eyes marked with greenish streaks. "whally" 今は用いないが虹彩に緑がかった線の見えるのや，又は所謂「緑内障」(glaucoma) に罹った目をいふので，意味は色々に変わって用ひられるが中部以北の方言で "wall-eye" といふのがそれである。

gelosy=jealousy. Cf. II. 42, 102.「緑」は嫉妬の色である。(cf. *Merchant of Venice*, III.ii.110: "green-ey'd jealousy"; also *Othello*, III.iii.116)

(Spenser, *F. Q.* BK. I.iv.24，細江注釈版，p. 369，下線筆者)

篤学の士であった細江は (40) のネアズの記述に引用されているスペンサーの *Faerie Qveene* の注釈（本章 (41) の③）に "Upton, and all the commentators, explain it streaked, from *wala*, Saxon" として言及されているアプトン (Upton) の *Glossary & Notes* を参照していたと思われる。[30]

[30] 細江注釈本参照。細江はこの注釈を執筆するにあたり，「Globe Edition

5. 結論―シェイクスピアにみる究極の語形成法―

第一に，スキートは，引用（41）の⑦の後に，“But the spelling with *h* is wrong.” と注記して「*whally, whaule, whall* など h の付くのは間違い」であり，「ME. *wald-eyed, wolden-eighed, wawil-eyed*」が正しいとしている。一方，*OED*² の記述は，基本的にはスキートに基づき，wall- 系統を正統な語形としている。が，語源の北欧語からみれば wh- 系統が原語の発音に近い。ただし，英語の発音とはかけ離れた原音を正確に写し取ることは所詮無理であり，どちらが正しいというわけではない。

*OED*² の wall-eyed の記述を点検する。

(45) **wall-eyed**, *a.*

Forms: α. 5 wawil-, waugle-, 6 whaule-, 7 whale-, 6- wall-eyed; β. 5 wald-eȝed.

[The surviving form descends from ME. *wawil-eȝed*, a. ON. *vagle-eyg-r*, (...) and explained in the context to mean ‘having speckled eyes’. (...) The first element, *vagl*, is obscure origin; it coincides in form with *vagl* beam of wood, roost, perch (Da., Norw. *vagl*, Sw. *vagel*) (...)]

1. Having one or both eyes of an excessively light

のスペンサーの全集を耽読した」（「序」）。細江の p. lxxiii に John Upton 編纂の *Faerie Qveene with Glossary & Notes* (1758) の記載がある。

> colour, so that the iris is hardly distinguishable from the white. In ME. and in modern dialects (see. *Eng. Dial. Dict.*), also in other senses: Having eyes of differing colour; having eyes or an eye streaked or particoloured. (...)
>
> In many examples the senses cannot be determined. (...)
>
> (*OED*[2], wall-eyed，下線筆者)

OED[2] の記述から次のことがわかる。

第一に，wall の形態が多様である。[31]

α 系統

15 世紀だけの語形 wawil-，waugle-

16 世紀だけの語形 whaule-,

17 世紀だけの語形 whale-

16 世紀以降，現代英語の語形 wall-eyed

β 系統

15 世紀のみ wald-eȝed

このようなさまざまな形態は，中期英語期における wawil-eȝed の借用元である古ノルド語の語形が vagle-eyg-r であって，この語の発音がイギリス人にはなじめなかったことが原因である。

---

[31] たとえば，uisgebeatha という Scottish-Gaelic 語に対して，whisky という発音と綴り字が定着するまでにどれほどの迂路をたどったかをみるだけでもイギリス人にとって古北欧諸語の発音がいかに難しかったかがわかる。cf. *OED*[2], whisky.

北ゲルマン語系のデンマーク語，ノルウェー語，アイスランド語などは，同じゲルマン語派系の言語とはいえ，北部ヨーロッパに位置し，比較的隔絶された環境にあり，一部にゲルマン祖語に近いゴート語よりも古い要素をとどめるほど古い姿をとどめていた。したがって，南ヨーロッパの諸言語との接触もあって文法組織の簡素化，水平化の著しく進んだ西ゲルマン語系の英語とはかなりかけ離れてしまっていた。それゆえに，北欧諸語の発音体系と英語の発音体系は，それぞれ違った体系に変化し，外国語どうしとして接触した場合には意思の疎通は困難になっていた。たとえば，アイスランド語の *vagl-eyg-r* “wall-eyed” が中期英語期から 1600 年頃までさまざまな綴り字で表されているということは，英語にはなくなって久しい *vagl-eygr* という発音形態（古期英語期にはなかった語頭の v，英語にはない音質の語中の母音 a，e，それに語末の -ygr- という 3 子音の連鎖）がイギリス人には正確に聴取できなかったことを表している。[32] イギリス人は，接触した地域での受け取り方の違いにより，あるいはデンマーク語，ノルウェー語といった相手方言語の発音の違いを聞き分けられないで自分たちの間違った理解に基づきさまざまな表記を残した。それが *OED*[2] が記述している wh- のさまざまな語形に表されている。その結果，語頭に wh- 系の子音結合を持つ語形は結局破棄された。

[32] egg の例にみられるイエスペルセンの古北欧語からの借用語に関する引用と説明は，明快なので思わず納得してしまうが，文字通り受け取るのはいささか安易ではなかろうか。cf. Jespersen, *Growth and Structure of the English Language*, pp. 63f.

破棄されたその他の理由は次の通りである。英語の場合，語頭に wh- を重要な持つ語は少なく，white のほかは，関係詞・疑問詞 who，which，what，etc.; where，why，when，etc.，whisky（外来語），wheel，whip などに限られ，意味・用法が特定化されている。関係詞・疑問詞以外の語の場合，極端な場合，whale-eyed は「鯨の目」という特殊な解釈を生み，ある語形は white-eyed と解釈されて「白みがかった目」というこれまた特殊化された解釈を生み出した。また，英語の発音・語形に適合するように手直しを受けて[33] wall-eyed という語形が生みだされたが，wall →「壁，特に漆喰（しっくい）[34] の色」→「壁のような白みがかった目の色」という連想が働き，もともとの形態と意味からかけ離れてしまった。一方，意味に重きを置いた解釈は gray と「連合関係」[35] をなす gray-eyed を生み出したが，*OED*[2] からの引用 (45) にもあるように wall-eye という病気の目の色の識別がはっきりせず，その上，当時は，gray の意味が曖昧で思うような効果はなかった。

そこでシェイクスピアは本章で述べてきた言語内的（発音，文法）な規則と言語外的な要素（習俗，伝説，文化）をたくみに織りなして，gray と連合関係をなす green を登用して green-eyed とい

---

[33] 前章「auburn：シェイクスピアの色彩語」。なお，wall-eyed は「馬の目の病気」に特定されて，他の語との混同の生じない獣医学という特殊な分野での学術用語として生き残った。*OED*[2], wall-eyed, 1.b. of horses.

[34] 日本語でも「漆喰」は「石灰」を語源とすることからもわかるように白色が基調。

[35] 有馬道子『日英語の文化記号論』pp. 53-63，三輪『ソシュールとサピアの言語思想』pp. 27-31。

う単語の語源と歴史，英文学史上比類ない珠玉の一語を紡ぎ出した。この語形成法は『不思議の国にアリス』においてルイス・キャロルが創作した Mock Turtle（ニセ海亀）を連想させる（turtle soup + green turtle soup → mock turtle soup → Mock Turtle）。強固に安定した言語の内的構造の周辺にあって構造に組み入れられていない記号が構造の周辺から創像的な生命力をえて構造の内部に食い込んでゆく現象である。[36]

第二に，下線部にあるように，目の色がはっきりとした「みどり」ではなく，きわめて薄く「白っぽい」色であったので，言語によって，民族によって，個人によって green，grey，blue，yellow あるいは white と混同され，明確に区別されないことがしばしばであった。このことが，イギリスの中部以北の方言，ケルト語，ノルド語でこれらの色の識別が一定していない原因になっている。[37]

green-eyed 成立に至るまでの過程とその後の状況を時間軸に沿って簡潔に図示する。

---

[36] 有馬道子，同上書，pp. 71-74。稲木昭子・沖田知子『アリスのことば学』2015。

[37] 注 (9) 参照。郡司利男はこれらの言語間の green，grey，yellow，blue の意味領域のずれについて論じている。郡司「色と言葉」『英語学ノート』1978，pp. 1-15。日本語の「青そこひ」「緑内障」という病名にも曖昧さがみえる。

(46)　green-eyed への編年史

年号	著者	掲載作品	語形	
		green-eyed への醸成期		
a1400-50	*Wars Alex.*	(*OED*^{2}, wall-eyd)	wald-eȝed, wawill-eȝed	
1552:	Huloet	(*OED*^{2}, wall-eyed)	whaule	
1578:	Cooper	*Thesaurus*	waule eye	
1590, 1596	Spenser	*Faerie Qveene.* 1590 (Bk. I～III), 1596 (Bk. I～VI)	whally-eyes (the sign of gelosy)	
1593-4	Shakespeare	*Titus Andronicus*	wall-eyed	
1594-5	Shakespeare	*Romeo & Juliet*	gray-eyed	
1596-7	Shakespeare	*King John*	wall-eyed	
		green-eyed 登場		
1596-7	Shakespeare	*Merchant of Venice*	green-eyed	
1604-5	Shakespeare	*Othello*	green-eyed	
1627	Milton	*Vac. Exerc*(*OED*^{2})	green-eyed	
1653	R. Sanders	*Physion.* (*OED*^{2})	green-eyed	
c1800	H. K. White	Genius Ⅰ.i. (*OED*^{2})	Green-eyed (Grief)	
1804		*Sporting Mag.* (*OED*^{2})	Green-eyed (mon-ster)	口語
1836	Richardson	*A New Dictionary*		
1882	Nares	*A Glossary*		
1865	L. Carroll	*Alice's Adventures*	green-eyed (cat)	口語
		Aesop's Fables	green-eyed, green eye	口語
1894-6	G. F. Northall	*A Glossary*	Wall-eyed	方言

結局，本章で，外堀から順次，慎重に，しばしば冗長なまでに，螺旋階段を一歩一歩のぼるがごとくに論じてきたいろいろな状況，関連語，造語例から最終的にシェイクスピアがその卓越した詩才，語感に基づき，想像力・創造力を遺憾なく発揮して造語した green-eyed は英語の語形成史上，英文学史上類をみないできごととなった。本章の全編にわたり，人間の精神作用，動物誌，文化史，歴史，言語史など人文科学のほぼ全分野にわたり長々と論じたすべての要素と精髄が green-eyed 1 語に凝縮されている。

すでに一般民衆が無意識のうちに用いていた green-eyed がシェイクスピアにより見いだされ，評判が高く人気のあった劇 *The Merchant of Venice* と *Othello* のクライマックスの場面で使用されたために広く用いられるようになった。[38] young-eyed, sad-eyed, dull-eyed といったほかの -eyed を持つ語と比べれば，green-eyed がいかに重要な意味をもった造語であるかは一目瞭然である。シェイクスピアが新たに造語した語は枚挙にいとまがないが，green-eyed はその中でもとりわけ群を抜いて重要な語である。特に問題視されている語の研究には人文系諸学の広く深い知見と柔軟で豊かな創造力，想像力が必要とされる理由である。

green-eyed という語は誕生以前からシェイクスピアの時代になっても，音声，形態，意味のどの点においても混乱状態にあっ

[38] 一般民衆が無意識のうちにすでに使用していた語を取り上げたこと，green がゲルマンの時代から「嫉妬」を意味することをシェイクスピアが知っていたことはシェイクスピアのたぐいまれな才能と博学ぶりを証明している。このような例はシェイクスピアの英語の発音，文法，語彙，意味においてみられる。

た。シェイクスピアによってgreen-eyedという語形が形成されるまでは文学者，諸分野の著作家もさまざまな発音，形態，意味で使用し，音声も，語形も，意味も錯綜し，交錯していた。その中で，広大な砂浜の中からピンポイントでコメ一粒を拾い出すがごとく，外来語ではなく的確無比の一語である本来語のgreenに着眼し，選択し登用してgreen-eyedを形成したシェイクスピアの創造力，想像力は比類なく優れていると高く評価される。シェイクスピアは英語という言語の内的構造を把握した上で詩的直感を働かせてgreen-eyedを生み出した。スペンサーは，whally-eyes (the sign of gelosy) と書いているので，whallyが「緑色」を意味し，「嫉妬」を含意することを知っていたと思われるが，スペンサーにはシェイクスピアに匹敵する創造力・想像力，語感はなかった。スペンサーは難解な学術語，外来語には造詣が深かったが，シェイクスピアに比べると感性に欠け，一般民衆の口語には疎(うと)かったのである。

人文学は，世界中の生物の中でも唯一想像力を働かせることのできる人間が過去何千年，何万年に渡って積み上げてきた先人の経験と知識を読み解き，人類の可能性を探求することを研究の対象とする。それだけに，重層的に蓄積された人文的遺産を読み解くには膨大で，幅広く，深い知識を必要とし，なによりもたくましく柔軟な想像力を必要とする。人文学が古くなることはない。時代がどのように変わっても常に新しい読みを発見することができるからである。それが人文学である。

人文学と呼ばれる領域はあまりにも多岐であり，したがって，古典ギリシャの昔には試みられたあらゆる分野にわたる統一した学問体系の構築はきわめて困難である。人文学にとって必要なのは，人間だけが有する想像力，創造力である。人文学的な知的活動には創造力と想像力が不可欠である。同時に，文化，芸術，言語といった過去の人文的遺産を読み解くには，財産を残した先人たちに劣らない創造力，想像力が必要とされることを銘記すべきである。[39]

忘れてはならないことは，人間のみが有する言語という伝統，文化を形成するからくりを通して人類が今までに獲得した経験と叡智の全体像を俯瞰してさらにその上に創意に満ちた新しい伝統を積み上げることのできる思想家，芸術家，詩人がいつの時代にも存在しているということである。green-eyed という一語は，シェイクスピアがそういうたぐいまれな才能を持った稀有の詩人のひとりであることを実証している。

サピア（E. Sapir）は *Language: an Introduction to the Study of Speech* の開巻冒頭で次のように述べている。

(47) Knowledge of the wider relations of their science is essential to professional students of language if they are to be saved from a sterile and purely technical attitude.

(*Language*, 1921, Preface; rpt. 1963)

（言語研究の専門家は，無味乾燥な，ひたすら専門的な【＝言語学固有の】見方しかできない態度から救われたいならば，言語

---

[39] 有馬道子「人間も動植物も物質もすべての存在は解釈する記号である」『日英語と文化の記号論』pp. 76–77。

が自分の想定している以上に他分野との関わりを広く持っていることを知ることが不可欠である。)[40]

---

[40] サピアが *Language*（1921）の出版に際して，その概要と主旨を述べた「はしがき」にある。

第 10 章　詩学と記号論
—サピア『言語』の第 10 章と第 11 章—

前章末尾の引用 (47) に関して，書き加えておかねばならないことがある。実は，サピアの『言語』の「まえがき」からのこの引用は「(言語研究には) 記号論的視点が必要である」ということを意味しており，サピアの言語観を象徴するきわめて重要な見解である。しかし，実際には注目されていない。それどころか，サピアの『言語』は，言語学書としての構成自体が正確に認識されていないのではないか。

1.　サピア『言語』はなぜむずかしいのか

過去に，国内外でサピアの『言語』に言及した論述は数え切れないほどある。しかし，筆者の目の届いた範囲ではどの論述を点検しても「『まえがき』と第 10 章，第 11 章はサピアの詩学・記号学誕生の宣言である」と明確に記した説明，解説がない。国内の言語学，英語学，英文法辞典類の解説を読んでも同様である。『月刊言語』の1979年2月号の「特集・サピアの言語論」には，特定のテーマの記事をのぞいて，サピアの言語論3編が掲載されている。しかし，いずれの論考も執筆者みずからの見解を述べたもので，サピアの『言語』の全体像を具体的にわかりやすく解説した記事ではない。『言語』の過去3種類の訳書の解説も読者を納得させる説明とはいえない。「まえがき」と第10章「言語と人種と文化」，第11章「言語と文学」の意図が明確に理解されていないことが『言語』の全体像を見えなくしている。

「サピアの『言語』は平易で軽快である」といわれることがあるがサピアの英語はけっして平易ではない。逆に，言語学の専門家にはむしろ難解である。意外にも『言語』のむずかしさはサピアが「言語学界で用いられる専門用語（...）はすべて避け」ていることが原因である。日常的な基本単語を使っているためにかえって意味を特定できず，あいまいである。たとえば，formal，pattern，speechといった語は，言語学の専門書を読みなれた読者には，一見難解なmorphological「形態の」，system，structure「体系・構造」，spoken language「話し言葉」と表したほうが意味を特定できてわかりやすい。訳語も「形式の」，「型」，「ことば」では意味を特定できず，かえってわからない。特に「ことば」という訳語ではspeechを用いたサピアの意図が伝わらない。サピアはlanguage（“ラング”）とspeech（“パロール”）を区別している．[1] speechをなぜ「ことば」と訳すのか。

[1]「まえがき」にはlanguageが5回用いられているが，いずれも「言語（“ラング”）」を意味する。

ふたつめに，サピアの英語自体が時にむずかしい場合がある。サピアの思想と英語をよく理解しておく必要がある。クローチェが「自由主義者」として活動したからといって，“liberal Croce” は「自由思想のクローチェ」[2] を意味しない。文脈からして「(記号論的な) 広い視野を持つクローチェ」である。

2.　詩学と記号論

『言語』の第10章，第11章の章題はそれぞれ “Language, Race and Culture”，“Language and Literature” である（その前触れが「まえがき」にある)。現代であればこのふたつの章は “Poetics and Semiology「記号論と詩学」” と称すべき内容である。ところが，サピアが専門用語の使用を避けているために，「言語学の書物なのになぜ「人種，文化」と「文学（詩学)」が論じられているのか」といぶかしく感じる向きも多く，熟読されていない場合もあるであろう。*OED*[2] の元版でも現行版（CD版）でも semiology は重要語なので収録されている。が，初例はソシュールの『講義』(1916) から引用されており，フランス語 (sémiologie) のため〔　〕でくくってある。英語の初例はサピアより2年遅い Ogden & Richard の *Meaning of Meaning* (1923) である。サピアがその第10章，第11章で「記号論」と「詩学」を論じながら semiology という専門用語を用いなかったために *OED*[2] にサピアからの引用はない。ソシュールが『講義』で「言

[2] 岩波版 pp. 10，383。

語研究には semiology が必要」と初めて主張したことはよく知られている。サピアは早くもその 5 年後（1921）に時代を先がけてソシュールの意図を正しく認識して 10 章と 11 章を「記号論」,「詩学」として書いた。このことは，通説と違って，サピアがソシュールの影響下にあることのあかしである。サピアの the cycle of speech がソシュールの le circuit de la parole の英訳であることも，サピアがソシュールの影響下にある証拠である。第 1 章は全体的にソシュールの影響が大きい。

サピアの 10 章，11 章は，たとえば，レヴィ・ストロース (Levi-Straus) を読んでいれば容易に察しのつく問題である。レヴィ・ストロースはロマン・ヤコブソンの影響で逆に言語学の視点から文化人類学（人種，歴史・文化，文学）を研究しているからである。『月の裏側』,『音と意味についての六章』,『構造・神話・労働』がわかりやすい。

3. サピア『言語』の構成

以上のような要因で，サピアの『言語』は，現在重要視されている「詩学と記号論」をも視野に入れた先駆的な内容を持ち，同時に明確な構成の言語学書であるにもかかわらず正しく理解されず，不当に敬して遠ざけられているようである。

サピアを理解するために『言語』の構成をわかりやすく図表にして示す。

Sapir, *Language*（サピア『言語』）の構成
まえがき
・言語の共時性と通時性 ・詩学と記号論 1「より広い視野の必要性」, ・詩学と記号論 2「言語と思考，歴史，文化，人種，文化，芸術」
言語学の基本原理
第 1 章　序論—話し言葉の定義 第 2 章　話し言葉の要素 第 3 章　言語の音声
共時的原理
第 4 章　言語の形態—文法的過程 第 5 章　言語の形態—文法的概念 第 6 章　言語構造の類型
通時的原理
第 7 章　歴史的所産としての言語—「駆流」(drift) 駆流 1　個別言語の駆流（英語）
第 8 章　歴史的所産としての言語—音法則 駆流 2　同族言語間の駆流（英語とドイツ語） 駆流 3　人類の言語間に普遍的な「駆流」
第 9 章　言語接触論
記号論と詩学
第 10 章　言語と人類と文化・歴史（文化記号論） 第 11 章　言語と文学（詩学）

あとがき

わが国の科学的な英語学研究は市河三喜の『英文法研究』（1912年）の出版に始まるとされている。しかし，その後100年以上を経過して，市河英語学と現在の英語学とは素人目にもまったく違う。その違いはどのような点にあるのか，そしてどのようにして違いが生じたのか。日本における英語学史をごく簡単にふり返ってみる。

市河三喜の英語学はデンマークのイェスペルセン（O. Jespersen）の英語学と重なる部分が多く，興味深いけれども方法論的，理論的に厳密とはいえなかった。その後にまず，1955年頃に厳密な方法論と理論を重視したアメリカの構造主義言語学が入ってくる。続いて1965年頃から言語現象の定式化を意図したチョムスキー（N. Chomsky）の変形理論が入ってきて日本の英語学がphilologyからEnglish linguisticsという性格が強くなり，原理づけられた基盤にもとづいた説明が与えられ，論理的になってきた。

チョムスキーの言語学は，主に個別言語の英語を研究対象とするけれども，視点は言語学的であって，つねに人間の言語に共通する普遍的な（universal）性質の研究である。歴史的研究（philology）はチョムスキーの言語理論の中では固有の位置を与えられている。すなわち，普遍的な一般言語理論に関する仮説を立て，その仮説を裏付けるあかしとして歴史的研究が用いられる。

共時的研究に従事している人が自分の仮説に対する裏付けを求めて歴史的言語事実の中に資料なり，証拠なりを自分の仮説を支持するデータとして用いる。たとえば，Chomsky & Halle, *The Sound Pattern of English*（1968）は英語史の時間軸に沿った研究に現代英語の共時的な法式にあてはめて矛盾のない理論を構築した。その意味では，歴史的研究と共時的研究とが結びついている。その種の研究が今後もさらに続くことが可能であろう。19世紀末の印欧比較言語学界で，伝統的な philologists と，彼らに反発して特に音韻法則の発見に努めた新進の「青年文法学派(Junggrammatiker)」とが後に融和したように。

著者はブラッドリ（H. Bradley）の *The Making of the English Language*, 1904, 1968²（『英語発達小史』岩波書店，1882），イェスペルセン（O. Jespersen）の *The Growth and Structure of the English Language*（1912, 1938⁹：特にシェイクスピアの英語），L. P. スミス（L. P. Smith）の *The English Language*（1905, 1953²：特に英語史と文化史の相関関係）を熟読することから英語史の勉強を始めた。これらの3冊は入門書とされているが，何度読んでも読みかえすたびに新しい発見がある。

ブラッドリの『英語発達小史』は人文学的エッセイ（論述文）の見本である。筆者はこの本で英語の論述文の読み方を学んだ。どの節もどの章も，「第1に，(First,)，第2に，(Secondly,)，第3に，(Thirdly,)」とはいちいち記してないが，「起承展結（転ではなく展開）」の筆の運びで書いてあり，慣れるときわめて論理的でわかりやすく読める。しかし，意味するところは深く大きい。

意味変化に関して実例を挙げる。

現代英語では，great と large は同じく「大きい」という意味を持つが，great は「感情的含蓄」があるが，large は「非感情的」である。このことは学習辞書 *Idiomatic and Syntactic English Dictionary* (*ISED*，開拓社)，中型辞書 *Concise Oxford Dictionary* (*COD*)，*OED*^{2} などたいていの辞書には記してある（例：*ISED* の *great* の項 “great (cf. *large*. *Great* is more emotional; ...)”)。ところが，「感情的」と「非感情的」との違いがどのような原因で生じたのかは説明されていない。ためしに，「great は感情的であり large は非感情的」という問題に関して各種辞書と *OED*^{2} の great と，関連する large，big，little，small の各項目に記してある説明を比較してみられたい。「比較」は問題点の把握と解決のもっとも有効な手順である。*OED*^{2} で，「大・小」を意味するこれらの形容詞 5 語のうち「感情的か非感情的か」に関して言及があるのは，great，large，little の 3 語だけである。そして，*OED*^{2} の 4 人の編者 (J. M. Murray，H. Bradley，W. A. Craigie，C. T. Onions) の担当箇所を調べてみると，「感情的か非感情的か」について言及のある great，large，little の 3 語はいずれもブラッドリが編集した項目にある。

そこであらためてブラッドリの『英語発達小史』の pp. 210–14 を読みなおしてみると，great が感情的な意味を持つようになった原因と，great が，large，big，little，small とたがいに関連しあい，連鎖しあって意味変化したことが具体的に記してある。

ブラッドリは，ソシュールに始まる構造言語学以前の学者なので「構造，体系」，「構造的意味論」，「意味の場」という用語は用いていないが，まさしくヨーロッパの通時言語学的発想である。このような類義語の意味変化の体系的，構造的の研究は，ドイツのトリア（J. Trier）の「意味の場」，フランスのドーザ（A. Dauzat）とスイスのヴァルトブルク（W. von Wartburg）の言語地理学にもとづく類義語間の連鎖的意味変化研究に先行するものである。

別の例をあげる。

ブラッドリは『英語発達小史』で，「音変化が文法組織に好ましくない影響を与えることがある。しかし，このような不都合がたえがたいほど大きくなると反動が起きる」と書いている（p. 40）。サピアは「1. 音声はひとつの方向に向かう一般的な駆流（drift）がある。2. しかし，その言語の根本的な音声パタンを保存または回復する傾向もある。3. 同時に，音声変化によってあまりにも深刻な形態上の動揺が生じる場合には旧来の形態組織を保存しようとする傾向が働く」という見解を述べている（岩波版『言語』，pp. 323-24，要約）。イェスペルセンは “I am inclined to think of preservative analogy”（音声変化には保存的類推への傾向があると考えたくなる）と記している（*MEG* I, p. 399）。これらの見解は言語の長い歴史と多種類の言語に接してきた学者たちによって表明されている。しかも，個々別々に思いついたのではなく，相互に呼応しあい，影響関係にある。また，上記の引用文のすべてを，その前後を含めてていねいに読むと，言語の共時的側面と通時的側面とは切り離しては考えられない，そして共時的体系には変化を生じさせる動的要因がつねに存在する，と考えざるをえない。ヤコブソンとウォー（R. Jakobson & L. R. Waugh）は，このような見解をまとめて「【言語構造の】全体はけっして不変の状態に止まり得ず，常に変化しなければならない」と結論づけている。これを

「動態的共時態 (dynamic synchrony)」という (岩波書店『言語音形論』pp. 173–75)。フランスのマルティネと同じ主張である (本書, 第 3 章)。

参考文献

1. 辞書

赤祖父哲二（編）『英語イメージ辞典』1986，大修館書店，東京．

Bailey, N. *Dictionarium Britannicum*, 1730; rpt. 1969, Olms, Hildesheim.

Barnhart, R. K. *The Barnhart Dictionary of Etymology*, 1988, Wilson, New York.

ブルーワー（E. C. Brewer）『ブルーワー英語故事成語大辞典』1994，大修館書店，東京．

Buck, D. *A Dictionary of Selected Synonyms in the Principal Indo-European Languages*, 1949, rpt. 1988, University of Chicago Press, Chicago.

Dyce, A. *A Glossary to the Works of William Shakespeare*, 1857, 1902², Sonnenschein, London.

Encyclopædia Britannica; or a Dictionary of Arts and Sciences, 1771, S. Bell and C. MacFarquhar, Edinburgh.

Ekwall, E. *Concise Oxford Dictionary of English Place-Names*, 1960, Clarendon Press, Oxford.

Florio, J. *Qveen Anna's New World of Words*, 1611, www.pbm.com/~lindahl/florio/

Johnson S. *A Dictionary of the English Language,* 1755, rpt. 1990, Longman, London.

McQuain J. & Malles S. *Coined by Shakespeare; Words and Meanings First Penned by the Bard*, 1998, Merriam-Webster, Massachusetts.

Murray, J. A. M. et al (eds.), 1884–1928; *OED*², 2009, on CD ROM Version 4.0, Oxford University Press, Oxford.

Nares, R. *A Glossary; or, Collection of Words, Phrases, Names, and Allusions to Customs, Proverbs.* 1822, 1882², John Russel Smith,

London.
Northall, G. F. *A Glossary of Words and Phrases Used in S.E. Worcestershire,* https://archive.org/details/glossaryofwordsp30sailuoft
Onions, C. T. *A Shakespeare Glossary*, 1911; 1986, rev. by R. D. Eagleton, Clarendon Press, Oxford.
Palmer, A. S. *Folk Etymology*, 1890; 1969, rep. Johnson Rpt., New York.
Prompt Parvulorum (c.1440), 1865, Camden, London.
Rey, A. *Dictionnaire historique de la langue française*, 2 vols. 1992, Robert, Paris.
Schmidt, A. *Shakespeare Lexicon*, 2 vols. 1874, rev. 1902; rpt. 1971, Dover, New York.
Skeat, W. W. *An Etymological Dictionary of the English Language*, 1910[4]; rpt. 1978, Clarendon Press, Oxford.
寺澤芳雄（編）『英語語源辞典』1997，研究社，東京.
Webster, N. *An American Dictionary of the English Language,* 1828; rpt., 1970, Johnson Rpt., New York & London.

2. 研究書

アジェージュ（Hagège, C.），東郷雄二ほか（訳）（1990）『言語構造と普遍性』白水社，東京.
有坂秀世（1940, 1969[5]）『音韻論』三省堂，東京.
有馬道子（2015）『日英語の文化の記号論』開拓社，東京.
Bradley, H. (1904, 1968[2]) *The Making of English*, Macmillan, London. [大塚高信（訳）（1931, 1953）『英語の成立』泰文堂，東京；大塚高信（注釈）（1957）『英語の成立』泰文堂，東京；寺澤芳雄（訳）（1982）『英語発達小史』岩波書店，東京.]
Brook, G. L. *The Language of Shakespeare*, André Deutche, London. [三輪伸春ほか（訳）（1998）『シェイクスピアの英語』松柏社，東京.]
Davis. S. T. and J. Levitt (1970) *What's in a Name?*, RKP, London. [三輪伸春（監訳）（2005）『英語史でわかるイギリスの地名』英光社，東京.]
遠藤敏雄（1971）『英文学に現れた色彩』プレス東京，東京.

ゴールドスミス（Goldsmith, O.），玉井東助（編訳）（1994）『動物誌』（1774），原書房，東京.

Greenough, J. K. and G. L. Kittredge (1901) *Words and their Ways in English Speech*, rep. 1920, Macmillan, New York.

春山行夫（1989）「春山行夫の博物誌 III」『髪—おしゃれの文化史』平凡社，東京.

橋本功（2017^2）『英語史入門』慶応大学出版，東京.

Haudricourt, A. and A. Juilland (1949, 1970^2) *Essai pour une histoire structurale de phonétisme français*, Mouton, The Hague.

池上嘉彦（1983）『詩と文化の記号論』筑摩書房，東京.

池上嘉彦（1984）『記号論への招待』岩波書店，東京.

市河三喜（1912）『英文法研究』語学研究社，東京.

稲木昭子・沖田知子（2015）『アリスのことば学』大阪大学出版会，大阪.

井上義昌（編）（1971）『英米風物資料辞典』開拓社，東京.

Jakobson, R. et al.，竹林滋ほか（訳）（1965）『音声分析序説』研究社，東京.

Jakobson, R. (1973) "The Phonetic and Grammatical Aspects of Language in their Relations," *On Language*.［川本茂雄（監修）（1990）『一般言語学』みすず書房，東京.］

Jakobson, R. (1976) *Six leçons sur le son et le sens* (preface de Claude Lévi-Strauss), Minuit, Paris; *Six Lectures on Sound and Meaning* (with a Preface by Claude Lévi-Strauss), J. Mepham, MIT, London.［花輪光（訳）（1977）『音と意味についての六章（序レヴィ・ストロース）』，みすず書房，東京.］

Jespersen, O. (1961) *Growth and Structure of the English Language*, George Allen, London.［中尾俊夫（注）（1966, 1988^2）『英語の成長と構造』南雲堂，東京.］

Keiler, A. R., ed. (1972) *A Reader in Historical Linguistics and Comparative Linguistics*, Holt Reinhart, New York.

萱島直美（旧性財前）（2004）"A Study of Color Terms in English," unpublished.

レヴィ・ストロース，大橋保夫（編訳）（1979）『構造・神話・労働』みすず書房，東京.

Martinet, A.（1952）“Function, Structure and Sound Change,” rep. A. R. Keiler, ed.（1972）.［黒川新一（訳）（1958）『機能・構造・音韻変化』研究社，東京.］

Martinet, A.（1960, 1970[2]）*Éléments de Linguistique Générale*, Armand Colin, Paris; E. Palmer, *Elements of General Linguistics*, 1964, Faber, London.［三宅徳嘉（訳）（1972）『一般言語学要理』岩波書店，東京.］

松本克己（2010）『世界言語の人称代名詞とその系譜』三省堂，東京.

松本克己（2015）『言葉をめぐる諸問題』三省堂，東京.

三谷康之（2007）『イギリス「窓」事典―文学に見る窓文化―』日外アソシエーツ，東京.

三輪伸春（1988）『英語史への試み』こびあん書房，東京.

三輪伸春（1995）『英語の語彙史』南雲堂，東京.

三輪伸春（2005）『シェイクスピアの文法と語彙』松柏社，東京.

三輪伸春（2011）『英語の辞書史と語彙史』松柏社，東京.

三輪伸春（2014）『ソシュールとサピアの言語思想』開拓社，東京.

『日本の窓』1997，淡交社，京都.

Palmer, L. R.（1972）*Descriptive and Comparative Linguistics*, Faber, London.

中玉利光星（2011）“A Study of English Color Terms,” unpublished.

Sapir, E.（1921）*Language*, Harcourt; rpt. 1970, Rupert Hart-Davis.［木坂千秋（訳）（1943）『言語』刀江書院，東京；泉井久之助（訳）（1957）紀伊国屋書店，東京；安藤貞雄（訳）（1999）岩波書店，東京.］

Smith, L. P.（1912, 1966[3]）*The English Language*, Oxford University Press, Oxford.

スタイナー（G. Steiner），由良君美ほか（訳）（2001）「シェイクスピア生誕400年祭」『言語と沈黙』せりか書房，東京.

鈴木孝夫（1990）『日本語と外国語』岩波書店，東京.

ウルマン（Ullmann, S.），池上嘉彦（訳）（1969）『言語と意味』大修館書店，東京.

Wyld, H. C.（1906）*The Historical Study of the Mother Tongue*, John Murray, London; rpt. 1962, 千城書房，東京.

安井稔（1955）『音声と綴り字』研究社，東京.
安井稔（1960）『英語学研究』研究社，東京.
安井稔・久保田正人（2014）『知っておきたい英語の歴史』開拓社，東京.

3. 作品

Aesop's Fables, 2008, IBC パブリッシング，東京.
Gower, J. (1330?-1408) *The English Works of John Gower*, EETS. ES. 82, 1901, Oxford University Press, Oxford, rpt. 1979.
Havelok, ed. by G. V. Smithers, 1987, Clarendon Press, Oxford.
Hodges, R. *The English Primose*, 1644, rep. 南雲堂，東京.
King Horn (?c1225), EETS. OS. 14, 1901, rpt. 1990, Oxford University Press, Oxford.
Robinson, R. *The Art of Pronunciation*, 1617. EETS. OS. 238, Oxford University Press, Oxford.
Shakespeare, W.
The Merchant of Venice,
Othello,
The Rape of Lucrece,
Love's Labour's Lost,
Twelfth Night,
Romeo and Juliet,
Titus Andronicus,
King John.
The Arden Shakespeare, 1951～, Methuen, London.
The Norton Facsimile: The First Folio of Shakespeare, 1968, Norton.
The New Cambridge Shakespeare, 1984～, Methuen, London.
A Facsimile Series of Shakespeare Quartos, 1975, 大塚高信（編），南雲堂，東京.
「研究社詳註シェイクスピア叢書」市河三喜・嶺卓二（編注），研究社，東京.
『シェイクスピア：ソネット集』川西進（編注），1971，鶴見書店，東京.
『対訳シェイクスピア詩集』柴田稔彦（訳），2004，岩波書店，東京.
Spenser, E. *The Faerie Qveene*, 細江逸記（注釈）(1590, BK. I～III)（英

文学叢書)，1929，研究社，東京; 和田勇・福田昇八（訳)『妖精の女王』1994，筑摩書房，東京.

Wallis, J. *Grammatica Linguae Anglicanae*, 1653, tr. by J. A. Kemp, Longman, London.

索　引

1. 日本語は「あいうえお」順。英語などの外国語は ABC 順。
2. 数字はページを表す。
3. n. は脚注，f. は次ページ，ff. は複数ページに続くことを表す。

[あ行]

[か行]

[さ行]

[た行]

[な行]

[は行]

[ま行]

[や行，ら行]

[外国語]

初出一覧

第 1 章　従来の言語学，英語学，英語史：　未発表

第 2 章　言語学，英語学，英語史の再構築：　未発表

第 3 章　マルティネの言語学原理：　未発表

第 4 章　民間語源：
『英語の辞書史と語彙史』2011，pp. 220f. の注釈を全面改稿。

第 5 章　英語の人称代名詞の変遷：
『ソシュールとサピアの言語思想』pp. 69–73 で未解決とした「二人称複数主格 ye」を付して加筆。

第 6 章　シェイクスピアにみる統語法：
『シェイクスピアの文法と語彙』pp. 113–14 に加筆。

第 7 章 「窓」から見える異文化：
『英語教育』（大修館書店）2008, 10, No. 7, pp. 87–8 に加筆。

第 8 章　auburn：シェイクスピアの色彩語：
鹿児島大学大学院人文社会科学研究科（博士後期課程）地域政策科学専攻紀要『地域政策科学研究』第 12 号，2015。

第 9 章　green-eyed はなぜ「嫉妬」するのか：
同上，第 13 号，2016。

第 10 章　詩学と記号論：　未発表

三輪　伸春（みわ　のぶはる）

1946年，岐阜県瑞浪市に生まれる。鹿児島大学名誉教授。

著書：『英語史への試み：附―言語過程説論争―』（こびあん書房，1988）；『英語の語彙史―借用語を中心に―』（南雲堂，1995年）；『シェイクスピアの文法と語彙―英語史で読むシェイクスピア―』（松柏社，2005年）；『英語の辞書史と語彙史―方法論的考察―』（松柏社，2011年）；『ソシュールとサピアの言語思想―現代言語学を理解するために―』（開拓社，2014年）。

訳書：A. O. サンヴェッド『チョーサーの英語』（共訳，松柏社，1994年）；G. L. ブルック『シェイクスピアの英語』（共訳，松柏社，1998年）；C. S. デイヴィス & J. レヴィット『英語史でわかるイギリスの地名』（監訳，英光社，2005年）。

共同執筆：『現代英文法辞典』（三省堂，「Drift」ほか，1991年），『新英和大辞典（第6版）』（研究社，語源欄担当，2002年），『現代言語学の潮流』（勁草書房，「構造言語学」，2003年），『知のポリフォニー』（松柏社，「ソシュール」，2003年）；『辞書・世界言語・方言』（「英語学文献解題」第8巻，「近代における英語辞書（18世紀まで）」，研究社，2008年）。

新たな英語史研究をめざして
―詩学と記号論を視点に―

<開拓社　言語・文化選書76>

2018年6月20日　第1版第1刷発行

著作者　三輪伸春
発行者　武村哲司
印刷所　日之出印刷株式会社／日本フィニッシュ株式会社

発行所　株式会社　開拓社
〒113-0023 東京都文京区向丘1-5-2
電話　(03) 5842-8900（代表）
振替　00160-8-39587
http://www.kaitakusha.co.jp

ISBN978-4-7589-2576-1　C1382